Propaganda

Propaganda

Histoire
de se souvenir

Sammeln gegen
das Vergessen

la collection
de

aus dem Fundus
von

Tomi Ungerer

CONSEIL GENERAL DU BAS-RHIN

La Nuée Bleue

Publication sous la direction de Bénédicte Mathey / Conseil Général du Bas-Rhin. Édition, maquette et réalisation : Bernard Reumaux / Éditions La Nuée Bleue.

Nous tenons à remercier tous ceux qui nous ont permis de réaliser ces projets d'exposition et de publication :

Les équipes du service de la Communication externe du Conseil Général du Bas-Rhin et du Mémorial de l'Alsace-Moselle, Jean-Paul Bailliard, Frédéric Bierry, Rose Dentinger, Guy Dietrich, Marc Dossmann, Valérie Drechsler, Geneviève Erramuzpé, Denis Feninger, Barbara Hesse, Claire Hirner, Renaud Jautzy, Fernand Joder, Liselotte Hamm et Jean-Marie Hummel, Celia Lowenstein, Damaris Muhlbach, Philippe Nemett, Myriam Odeau, François Pétry, Marcel Pini, Francis Rosenstiel, Marie-Anne Sarda, Alphonse Troestler, Sylvie Velten, Pascale Verdier, Jean-Pierre Verdier, Erland de Vienne, Jean-Laurent Vonau, Thérèse Willer, Jean Willer.

Un grand merci aussi à Tomi Ungerer, à Diogenes Verlag, au Musée Tomi Ungerer – Centre international de l'Illustration, Strasbourg, ainsi qu'aux auteurs de l'ouvrage et à tous ceux qui ont apporté leur soutien.

Sauf mention contraire, l'ensemble des documents reproduits appartient à la Collection Tomi Ungerer déposée au Conseil Général du Bas-Rhin.

Mise en pages : Antonio Lagala (La Nuée Bleue)
Préparation, correction : Pascal Schweitzer (La Nuée Bleue), avec Julien Soulier

Illustration de couverture : Anonyme, *Avec l'assurance du somnambule »IL« conduit l'Allemagne vers l'abîme... !*, tract, impression sur papier, sans lieu, sans date.

Crédits photographiques de la partie « Propaganda » :
© Photo Expression / Marc Dossmann / DR / Collection Tomi Ungerer sauf pages 74 (© Photo Expression / Marc Dossmann / DR Arthur Szyk / Collection Tomi Ungerer) ; 97 (© Photo Expression / Marc Dossmann / DR David Fitzpatrick / Collection Tomi Ungerer) ; 110 (© Luc Bérujeau / DR) ; 111 (© Corbis) ; 121 (© Photo Expression / Marc Dossmann / DR Wolter / Collection Tomi Ungerer).

ISBN 978-2-7165-0729-5

Veröffentlicht unter der Leitung von Bénédicte Mathey / Conseil Général du Bas-Rhin. Koordinierung, Layout und Gestaltung : Bernard Reumaux / Éditions La Nuée Bleue.

Unser Dank gilt all jenen, die uns geholfen haben, das Ausstellungsprojekt zu verwirklichen und die dazugehörige Veröffentlichung zu ermöglichen :

den Teams der Abteilung für externe Kommunikation des Conseil Général du Bas-Rhin und des Mémorial de l'Alsace-Moselle, sowie Jean-Paul Bailliard, Frédéric Bierry, Rose Dentinger, Guy Dietrich, Marc Dossmann, Valérie Drechsler, Geneviève Erramuzpé, Denis Feninger, Barbara Hesse, Claire Hirner, Renaud Jautzy, Fernand Joder, Liselotte Hamm und Jean-Marie Hummel, Celia Lowenstein, Damaris Muhlbach, Philippe Nemett, Myriam Odeau, François Pétry, Marcel Pini, Francis Rosenstiel, Marie-Anne Sarda, Alphonse Troestler, Sylvie Velten, Pascale Verdier, Jean-Pierre Verdier, Erland de Vienne, Jean-Laurent Vonau, Thérèse Willer, Jean Willer.

Unser besonderer Dank gilt außerdem Tomi Ungerer, dem Diogenes Verlag, dem Museum Tomi Ungerer – Centre international de l'Illustration, Straßburg, den Autoren des Buches und all denjenigenen, die das Projekt unterstützt haben.

Falls kein anderer Hinweis erfolgt, sind alle hier abgebildeten Dokumente Bestandteil der beim Conseil Général du Bas-Rhin deponierten Sammlung Tomi Ungerer.

Satz : Antonio Lagala (La Nuée Bleue)
Lektorat : Pascal Schweitzer (La Nuée Bleue), mit Julien Soulier

Umschlagillustration : Anonym, *Mit nachtwandlerischer Sicherheit führt »ER« Deutschland dem Abgrund zu... !*, Flugblatt, Druck auf Papier, ohne Ortsangabe, ohne Datum.

Sommaire **Inhalt**

PHILIPPE RICHERT

Confier le soin de son histoire

En 2002, Tomi Ungerer a souhaité déposer au Conseil Général du Bas-Rhin des archives sur la guerre. Hasard objectif ou non, cette année-là, nous avons envisagé une démarche nouvelle dans notre travail : chaque histoire propre et singulière des habitants des territoires de notre Département serait inscrite au cœur de nos missions. Cette démarche, nous l'avons appelée : « Hommes et Territoires ».

Cette expression tirée du vocabulaire géographique requiert aussi un sens plus poétique. « Hommes et Territoires » n'est pas sans nous faire penser en effet au titre du recueil des 30 années de réflexions de l'un des plus grands écrivains du XXe siècle de langue allemande, confronté à l'horreur de la guerre et à l'exil, Elias Canetti (1905-1994). *Le Territoire de l'homme*, c'est le titre de son ouvrage, trace, à la manière d'un dessin coupant proche de l'esprit de Tomi Ungerer, une vision à la fois pénétrante et acide du monde.

Lorsque l'on décerna à Elias Canetti le prix Nobel de Littérature en 1981, il confia que son « territoire » inspirateur était l'Europe des écrivains allemands, alors même que juif bulgare séfarade, il avait péniblement appris la langue allemande – « langue sauvée » l'avait-il

Tomi UNGERER, *Rest in peaces 1918*, reproduction carte postale, 1997.

Tomi UNGERER, *Rest in peaces 1918*, Postkartenreproduktion, 1997.

Die Wahrung der Individualgeschichte – eine Vertrauenssache

Im Jahre 2002 hat Tomi Ungerer den Wunsch geäußert, sein Kriegsarchiv beim Conseil Général du Bas-Rhin zu hinterlegen. Zufall oder nicht, genau in jenem Jahr haben wir uns vorgenommen, in unserer Arbeit einen neuen Weg einzuschlagen: Fortan würden wir jede eigene und einzigartige Geschichte der Bewohner unseres Départements sehr ernst nehmen und zu unserer ureigenen Sache machen. Diesen Weg haben wir „Hommes et Territoires" („Die Menschen und ihr Land") genannt.

Das Wort „Territoire" aus dem Fachvokabular der Geographie trägt jedoch auch eine poetischere Bedeutung. Erinnert es doch an den Titel der zwischen 1942 und 1972 entstandenen Aufzeichnungen eines der größten Schriftsteller deutscher Zunge im 20. Jahrhundert, Elias Canetti (1905-1994). *Le Territoire de l'Homme* (so der französische Titel des auf Deutsch erschienenen Buches *Die Provinz des Menschen),* zeichnet in Worten eine zugleich scharfe und bittere Vision der Welt nach – nicht unähnlich dem Geist der Zeichnungen eines Tomi Ungerer.

Als Elias Canetti 1981 den Nobelpreis für Literatur erhielt, verriet er, dass die „Provinz", die er meinte, das Europa der deutschen Schriftsteller sei. Dabei hatte er, der bulgarische sephardische Jude, die deutsche Sprache nur mühsam erlernt – die „gerettete Zunge" hatte er sie genannt – und nicht zuletzt war er aus dem nationalsozialistischen Österreich unter dramatischen Umständen geflohen.

Dieser Vergleich zwischen dem entwurzelten europäischen Schriftsteller, der vor der Barbarei fliehen

nommée –, et surtout qu'il avait fui tragiquement l'Autriche nazie.

Ce rapprochement entre l'écrivain européen déraciné, fuyant la barbarie mais ne reniant en rien son identité «d'adoption», et l'un des plus grands dessinateurs de notre siècle, ayant grandi en Alsace annexée, me paraît bien illustrer la difficulté de saisir les différents niveaux d'appréhension que l'on se fait d'un territoire et de sa mémoire identitaire.

En dehors de son propriétaire, une collection apporte toujours du sens à cette question. Quatre années après le dépôt de Tomi Ungerer qui représente plusieurs milliers de pièces sur la Première et la Seconde Guerre mondiale en Alsace, et dont les «valeurs» sont multiples (historique, certes, mais aussi ethnographique, sociologique, affective même – n'oublions pas les livres d'enfant de Tomi Ungerer et ses dessins – et surtout politique – l'extraordinaire série de tracts antinazis qui nous donne foi plus que jamais en la force de liberté d'expression de l'homme résistant au totalitarisme), nous pensons avec toujours autant de conviction qu'il nous faut écouter l'histoire des habitants d'un territoire pour les comprendre. Et surtout, s'attacher à l'amitié qu'ils portent à leurs voisins.

À l'automne 2007, Tomi Ungerer va vivre un autre temps de son histoire et nous en confier aussi le soin pour la rendre accessible à tous. Cet ouvrage rassemble des réflexions sur la collection que Tomi Ungerer nous dépose et dont nous nous faisons le devoir de conserver, afin de nous rendre chacun l'historien de nous-mêmes, selon les mots de l'académicien Pierre Nora.

Merci cher Tomi.

Philippe Richert

Président du Conseil Général du Bas-Rhin
Vice-Président du Sénat

musste, sich von seiner „Wahlidentität" aber keineswegs lossagte, und einem der größten Zeichner unseres Jahrhunderts, der im annektierten Elsass aufgewachsen ist, scheint mir aufschlussreich, wenn man erfassen will, wie verschieden „territoriale" Selbstfindung und Erinnerung aussehen kann.

Eine Sammlung, von ihrem Besitzer einmal ganz abgesehen, trägt in dieser Hinsicht stets Erhellendes bei. Vier Jahre ist es her, dass Tomi Ungerer dem Département seine Sammlung zur Verfügung gestellt hat, die mehrere tausend Objekte über den Ersten und Zweiten Weltkrieg umfasst und deren „Wert" ein sehr vielseitiger ist (historisch, gewiss, aber auch ethnographisch, soziologisch, ja sogar emotional – wir dürfen Tomi Ungerers eigene Kinderbücher und seine Kinderzeichnungen nicht vergessen – und vor allem politisch – die außerordentliche Serie von Antinazi-Flugblättern lässt uns mehr denn je an die Kraft der Ausdrucksfreiheit bei den Menschen, die dem Totalitarismus Widerstand leisten, glauben). Vier Jahre, und wir sind mehr denn je davon überzeugt, dass man auf die individuelle Geschichte der Menschen einer Region hören muss, um diese Menschen zu verstehen. Und dass wir unsererseits unbedingt an der Freundschaft festhalten müssen, die sie ihren Nachbarn widmen.

Im Herbst 2007 wird Tomi Ungerer einen weiteren Abschnitt seiner Geschichte erleben, und er wird uns ans Herz legen, dass sie allen zugänglich werde. In diesem Buch wurden Gedanken zusammengetragen über die Sammlung, die uns Tomi Ungerer übergeben hat und die zu erhalten wir uns zur Pflicht machen – auf dass wir alle zu Historikern unserer selbst werden, um mit dem Historiker und Mitglied der Académie Française Pierre Nora zu sprechen.

Danke, lieber Tomi.

Philippe Richert

Präsident des Conseil Général du Bas-Rhin
Vize-Präsident des französichen Senats

KLAUS WENGER

« En souvenir du futur »

Le « souvenir du futur ? » Ne serait-ce pas plutôt ce souvenir pour le futur ? Il y a quelque temps, Tomi Ungerer a inscrit cette dédicace sur la page de garde d'un livre qu il m'a offert, un livre consacré à son père, et qui ne retient pas seulement les souvenirs de son enfance mais voudrait être aussi une sorte de guide pour l'avenir de son pays, l'Alsace. Si l'exposition qui rendra accessible au public sa collection de souvenirs se rapportant aux années difficiles de l'Alsace est d'abord la source et le témoignage d'une « Histoire de se souvenir » très personnelle, elle a aussi pour but de nous aider à ne pas refouler le passé, mais à s'en souvenir et à s'y confronter. Depuis des décennies, Tomi Ungerer, dans ses œuvres, est sur les traces de l'Histoire ; aujourd'hui, il les livre à notre souvenir. Ces objets sont aussi des fragments de l'identité, aussi lourde que compliquée, de cette région-frontière, qui après tous les ravages causés par les conflits franco-allemands, a enfin trouvé son ancrage en Europe.

« L'Alsace est un territoire en clair-obscur ; les percées de la lumière mettent en relief les secrets parfois sombres de son histoire. » L'exposition et le catalogue proposent aussi un regard sur le versant obscur des relations franco-allemandes. Dans la perspective historique, ils invitent le visiteur et le lecteur à prendre du recul et à en tirer les leçons. Car les témoignages de l'endoctrinement que Tomi Ungerer a rassemblés ici illustrent de manière claire et forte la guerre des images et des idées que l'Allemagne et la France se sont livrées sur le dos de l'Alsace. Avec toute leur ambivalence, ils gardent vivant ce que trop souvent nous avons voulu oublier ou refouler. Mais c'est seulement

„En souvenir du futur"

Erinnerung an die Zukunft – oder vielleicht doch eher : Erinnerung für die Zukunft ? Diese Widmung schrieb Tomi Ungerer mir vor einiger Zeit in ein Buch über seinen Vater, das nicht allein die Erinnerungen an seine Kindheit wach hält, sondern auch ein Wegweiser in die Zukunft seiner Heimat Elsass sein will. Die Ausstellung, mit der seine Sammlung mit Erinnerungen aus und an die schweren Jahre des Elsass nunmehr der Öffentlichkeit übergeben wird, ist zuerst Quelle und Zeugnis (s)einer sehr persönlichen „Histoire de se Souvenir". Aber sie soll auch uns helfen, die Vergangenheit nicht zu verdrängen, sondern sich ihrer zu erinnern und zu stellen. Seit Jahrzehnten ist Tomi Ungerer in seinen Geschichten der Geschichte auf der Spur, nun übergibt er diese Spuren unserer Erinnerung. Seine Fundstücke sind zugleich Bruchstücke der ebenso schweren wie schwierigen Identität dieser Grenzregion, die nach all den Verwüstungen durch die deutsch-französischen Auseinandersetzungen endlich ihre Heimstatt in Europa gefunden hat.

„L'Alsace est un territoire en clair-obscur ; les percées de la lumière mettent en relief les secrets parfois sombres de son histoire". So bieten auch Ausstellung und Katalog einen Rückblick auf und Einblick in die Schattenseiten des deutsch-französischen Verhältnisses. Aus der historischen Perspektive gesehen rufen sie den Betrachter auch dazu auf, zu ihnen auf Distanz zu gehen und aus ihnen zu lernen. Denn die Zeugnisse der Indoktrinierung, die Tomi Ungerer zusammengetragen hat, belegen anschaulich und eindringlich den Krieg der Bilder und Ideen, den sich Deutschland und Frankreich auf dem Rücken des Elsass geliefert haben. Sie halten – bei aller Ambivalenz – lebendig, was wir nur allzu oft vergessen oder verdrängen wollen. Doch nur im Rückblick können wir ermessen, welchen Weg zur Verständigung wir seither zurückgelegt haben – und welchen Versuchungen es zu widerstehen gilt. Und so trägt jedes Objekt, das Tomi Ungerer hier

avec le recul que nous pouvons mesurer le chemin que nous avons parcouru entre-temps sur la voie de l'entente – et donc de comprendre à quelles tentations il s'agit de résister. Ainsi, chacun des objets que Tomi Ungerer a rassemblés ici porte en lui le poids d'un passé ambigu et le germe d'un avenir plus paisible.

À la fois impressionnant et émouvant, le Mémorial de Schirmeck permet de comprendre comment le quotidien influence les destins individuels, et donc l'histoire. Et c'est pourquoi cette collection est ici à sa place ; car l'intérêt de Tomi Ungerer pour l'histoire s'attache en premier lieu aux individus et à leurs vies. Comme Georg Christoph Lichtenberg, le grand philosophe allemand des Lumières, Tomi Ungerer a cherché la grande Histoire dans les petites choses de tous les jours – et il l'a trouvée. Aujourd'hui, il les livre au public et nous les confie – non sans cet avertissement à double sens : « Un héritage, ça (se) cultive ! » Préservons-le donc avec soin, avec vigilance, également afin de nous... « souvenir pour le futur ».

Klaus Wenger

Historien
Directeur-gérant d'Arte Deutschland

© PHOTO EXPRESSION/MARC DOSSMANN/DR VILLE DE STRASBOURG/TOMI UNGERER

L'aqueduc de Janus à Strasbourg, fontaine imaginée par Tomi Ungerer en 1988 pour commémorer le bimillénaire de la création de la ville.

Janusaquädukt in Straßburg, Phantasieentwurf eines Brunnens von Tomi Ungerer zur Zweitausendjahrfeier der Stadt Straßburg.

zusammengetragen hat, in sich die Last einer zwiespältigen Vergangenheit und den Keim einer friedvolleren Zukunft.

Das Memorial von Schirmeck lässt ebenso beeindruckend wie bedrückend nachvollziehen, wie der Alltag die persönlichen Lebensschicksale bestimmt und damit Geschichte mitprägt. Deshalb hat Tomi Ungerers Sammlung hier ihren rechten Platz; denn sein Interesse an Geschichte gilt in erster Linie den Menschen und ihren Lebenswegen. Wie der deutsche Aufklärer Georg Christoph Lichtenberg hat er die große Geschichte in den kleinen Dingen des Alltags gesucht – und gefunden. Nun übergibt er sie der Öffentlichkeit und vertraut sie unserer Obhut an – nicht ohne die doppelsinnige Mahnung: „Mit einem Nachlass darf man nicht nachlässig sein". Gehen wir also behutsam und wachsam mit ihm um, auch als „Erinnerung für die Zukunft".

Dr. Klaus Wenger

Historiker
ARTE Deutschland Geschäftsführer

L'assiette

L'histoire ne repasse pas les plats. Elle les garde au chaud. Pensionnaire dans les années 60 au lycée d'Obernai, comme tous mes camarades je mangeais dans un drôle de service. Ce n'était pas de la porcelaine, ni de la faïence, juste une simple assiette. Lorsque vous la retourniez, et entre nous le mot se passait vite, vous pouviez y lire la gloire du Führer à côté de l'inévitable croix gammée. Le passé et ses traces étaient toujours là que peut-être nous essayions de digérer à chaque coup de fourchette. J'ai «emprunté» une assiette en partant.

Je me suis souvent demandé pourquoi ces assiettes avaient été conservées par nos maîtres. Et j'en suis venu à l'idée que pour eux, elles ne représentaient rien d'autre qu'un peu de terre cuite sur laquelle les aléas de l'histoire étaient venus se graver à jamais. L'histoire dramatique était passée par là et il ne servait à rien de vouloir l'effacer, la gommer. Et puis, vous n'y pensez pas, casser toutes les assiettes! Cette assiette ne m'a jamais empêché de manger, elle est une curiosité qui ne laisse pas d'étonner mes visiteurs.

L'assiette aurait pu avoir sa place au Mémorial si nous en avions fait un musée d'objets. Pourtant elle n'y sera pas, elle fait partie de mon musée personnel et me rattache à l'histoire de cette région. Si je la regarde parfois avec nostalgie c'est uniquement parce qu'elle est aussi un lien à mon adolescence. Époque où il faut bien s'en souvenir les assiettes parlaient plus que les familles.

Chacun ici en Alsace ou en Moselle doit avoir de semblables histoires à raconter. Des anecdotes qui relient la petite à la grande histoire, celle que nous donnerons à voir au Mémorial.

Alain Ferry

Député du Bas-Rhin
Président du Syndicat mixte du Mémorial
de l'Alsace-Moselle

In *Courrier du Mémorial*, n°5, novembre 2003

Der Teller

Die Geschichte reicht ihre Schüsseln nicht nach; sie hält sie warm. In den sechziger Jahren war ich Internatsschüler im Gymnasium von Obernai, und wie alle meine Kameraden habe ich damals aus einem seltsamen Tafelgeschirr gegessen. Es war kein Porzellan, kein Steingut, einfach nur ein schlichter Teller. Wenn man ihn umdrehte, und das hat sich natürlich schnell herumgesprochen, konnte man da neben dem unvermeidlichen Hakenkreuz den Ruhm des Führers ablesen. Die Vergangenheit und ihre Spuren waren noch immer da, vielleicht versuchten wir sie bei jedem Bissen zu verdauen. Als ich die Schule verließ, habe ich mir einen solchen Teller „ausgeliehen".

Ich habe mich oft gefragt, warum diese Teller von unseren Schulverwaltern aufbewahrt worden waren. Und ich bin zum Schluss gekommen, dass sie für sie nichts weiter als ein wenig gebrannten Ton darstellten, auf dem sich die Wechselfälle der Geschichte für immer eingraviert hatten. Das Drama der jüngsten Geschichte hatte sich auch da bemerkbar gemacht, und es war sinnlos, es auslöschen, es ausradieren zu wollen. Diese ganzen Teller zerstören? Nicht daran zu denken! Nein, dieser Teller hat mich nie daran gehindert zu essen, er ist einfach nur eine Absonderlichkeit, über die meine Besucher allerdings erstaunt sind.

Dieser Teller hätte im Memorial durchaus seinen Platz haben können, wenn wir beschlossen hätten, ein Museum mit Gegenständen daraus zu machen. Aber er wird da nicht aufbewahrt werden, er gehört zu meinem persönlichen Museum und verbindet mich mit der Geschichte dieser Region. Manchmal betrachte ich ihn mit etwas Nostalgie, aber nur, weil er auch eine Verbindung zu meiner Jugend darstellt. Und das war eine Zeit, das darf man nicht vergessen, in der die Teller mehr redeten als die Familien.

Hier im Elsass oder im Département Moselle hat vermutlich jeder solche Geschichten zu erzählen. Anekdoten, die die kleine Geschichte mit der großen verknüpfen, mit jener Geschichte, die wir im Memorial zeigen wollen.

Alain Ferry

Abgeordneter des Département Bas-Rhin
Präsident des Mémorial de l'Alsace-Moselle

In *Courrier du Mémorial*, Nr. 5, November 2003

Non ! Plus jamais ça, ni ici, ni ailleurs !

C'est parce que nous ignorons ses leçons que l'histoire se répète. Des leçons infligées par la nature rapace et vorace de la condition humaine. Ces leçons, alourdies de conséquences, sont difficiles à digérer, surtout lorsqu'on les a vécues personnellement. On est marqué pour la vie.

Traumatisantes, comme un tatouage indélébile, elles peuvent alimenter des rancunes pernicieuses qui rongent et pourrissent le futur avec son passé décomposé. Ce passé rétroviseur, souvent convexe ou concave, tend à le déformer. Évitant toute sentimentalité, il faut alors s'appliquer à rester objectif comme une caméra. Afin de mieux définir les buts de son engagement personnel afin que NON ! PLUS JAMAIS ÇA, NI ICI, NI AILLEURS !

Nous avons tous en nous un potentiel de préjugés bien nourris à la haine, accompagné de son troupeau de bêtes noires, les rancunes. La propagande, révélatrice de l'idéologie d'un régime outrancier, est là pour éveiller et attiser la haine et donner au fanatisme son caractère obsessionnel.

De 1940 à 1945, sous le IIIe Reich, l'Alsace annexée a connu le savant déferlement d'une propagande qui s'est

Chant nazi imprimé sur carte postale éditée par Martin Groot et Robert Franke à Hamburg, vers 1940.

Postkarte mit Nazilied, Verlag Martin Groot und Robert Franke, Hamburg, etwa 1940.

Nein ! Nie wieder ! Hier nicht und nirgendwo sonst !

Warum wiederholt sich die Geschichte ? Weil wir schlechte Schüler sind und ihre Lektionen nicht lernen wollen. Lektionen, die uns erteilt werden, weil wir Menschen gefräßige Raubvögel sind.

Und diese folgenschweren Lektionen sind nicht leicht zu verdauen, vor allem wenn man sie selbst erlebt hat. Man ist für's Leben gezeichnet...

Wie eine nie wieder zu löschende Tätowierung hinterlassen sie ein Trauma, sie können heimtückischem, stetig nagendem Groll Nahrung geben, der einem als fauliger Rückstand die Zukunft verderben will. Der häufig konvexe oder auch konkave Rückspiegel der Vergangenheit ist eben ein Zerrspiegel, um nicht zu sagen ein Vexierspiegel. Also müssen wir alle Sentimentalität vermeiden und uns bemühen, objektiv wie eine Kamera zu bleiben. Und zwar um die Ziele des persönlichen Engagements klarer zu definieren, um sagen zu können : „NEIN ! NIE WIEDER ! HIER NICHT UND NIRGENDWO SONST !"

Wir hegen allesamt ein ganzes Arsenal an gehässigen Vorurteilen, ganze Brutstätten für das böse Ungeziefer unserer Ressentiments. Um den Hass zu wecken und zu schüren und den Fanatismus zur Obsession werden zu lassen, dazu gibt es die Propaganda. Sie ist es, die die Ideologie eines hemmungslosen Regimes ans Tageslicht bringt.

Von 1940 bis 1945 hat das annektierte Elsass im III. Reich wahre Wogen ausgeklügelter

Anonyme, *Français !! N'oubliez jamais ce qu'ont fait les Allemands à la France (…)*, affichette, impression sur papier, Imprimerie de La Liberté (V. Simart), Paris, après 1918.

Anonym, *Français !! N'oubliez jamais ce qu'ont fait les Allemands à la France* (…), [*Franzosen !! Vergesst nie, was die Deutschen Frankreich angetan haben* (…)], kleinformatiges Plakat, bedrucktes Papier, Imprimerie de la Liberté (V. Simart), Paris, nach 1918.

Der Stürmer
Deutsches Wochenblatt zum Kampfe um die Wahrheit
HERAUSGEBER: JULIUS STREICHER

Fs/H. Nürnberg-A, 25. Oktober 193 4

Herrn
Paul Weiss
Wirtschaft z. Krone
Bischweiler/Els.

Ihre Heimat ist frei! - - -
Die Juden im Elsass sind ausgerissen. Der Stürmer hat bereits seinen Einzug gehalten.

Sie freuen sich bestimmt, dass wir endlich auch an Sie unseren Appell richten können. Gerade der Gastwirt ist dazu berufen, die Aufklärung mit an den letzten Volksgenossen heranzutragen.

Wir dürfen Sie daher heute sicher bitten, eine Ehrenpflicht zu erfüllen und den Stürmer in Ihrer Gaststätte aufzulegen. Helfen Sie mit, den Elsässern regelmässig das Wissen vom Juden zu vermitteln, was Frankreichs Regierung durch Verbot des Stürmers solange verhindert hat. Es darf niemals wieder vorkommen, dass der Jude seine Hände nach unserem herrlichen deutschen Vaterland ausstreckt.

Wir danken Ihnen im voraus für Ihre Mithilfe an unserem gigantischen Ringen gegen die jüdische Weltpest und legen Ihnen eine Aufnahmekarte bei. Der Bezugspreis beträgt monatlich 90 Pfg. einschliesslich Zustellung durch die Post.

Wir begrüssen Sie bereits als neuen Stürmerfreund mit

Heil Hitler!
Der Stürmer

Unsere neue Zweigstelle für das Elsass befindet sich in Strassburg, Hoher Steg 4.

Ohne Lösung der Judenfrage keine Erlösung des Deutschen Volkes!

Pratique courante du journal *Der Stürmer* : les abonnés ayant des juifs parmi leurs connaissances sont dénoncés.

In der Zeitschrift *Der Stürmer* übliche Denunziationspraxis : Abonnenten, die Judenbekanntschaften pflegen, werden denunziert.

© PHOTO EXPRESSION/MARC DOSSMANN/DR/COLLECTION TOMI UNGERER

© PHOTO EXPRESSION/MARC DOSSMANN/DR/COLLECTION TOMI UNGERER

À la manière de ces peintures héroïques de Wilhelm SAUTER (1942) [en haut] et de Paul Matthias PADUA (1941) reproduites sur cartes postales présentant des soldats de la Wehrmacht déterminés traversant le Rhin, lors des opérations de mai 1940, ce petit canot de terre cuite sur fil de métal destiné aux enfants suggère une réalité au-delà de la fiction du jouet.

Nach Art der heroischen Gemälde eines Wilhelm SAUTER (1942) [oben] und eines Paul Matthias PADUA (1941), die als Kunstpostkarten Soldaten der Wehrmacht zeigen, wie sie im Mai 1940 mit entschlossenem Gesichtausdruck den Rhein überqueren, verweist dieses kleine für Kinder bestimmte Boot aus Terrakotta auf Metalldraht auf eine Realität jenseits aller Spielzeugfiktion.

© LUC BÉRUJEAU/DR/COLLECTION TOMI UNGERER

insinuée dans les moindres détails de la vie quotidienne.

Si la propagande est une forme de publicité, je dirais que celle des nazis n'a pas connu d'équivalent dans l'histoire des médias. Ni Coca-Cola, ni McDonald's, ni même les régimes communistes n'ont atteint un tel degré de perfection.

Tout était concerté, orchestré par le Dr Goebbels, génie incontestable du culte au Führer. Ses slogans (*Schlagwort* en allemand, c'est-à-dire mots de frappe) sont géniaux de simplicité et de clarté : *Ein Volk, ein Reich, ein Führer* (un peuple, une nation, un guide), *Führer befiehl, wir folgen Dir* (Führer ordonne, nous te suivons), *Kraft durch Freude* (La force par la joie) et cette formule affichée à l'entrée des camps de concentration : *Arbeit macht frei* (Le travail rend libre). La danse des mots est macabre.

C'est surtout dans la chanson, qui amalgame les masses et fait marcher les bottes, que le

Propaganda erlebt, und bis in die letzte Ritze des Alltags drangen sie vor. Wenn Propaganda eine Form von Werbung ist, dann würde ich sagen, dass die der Nazis in der Mediengeschichte ihresgleichen nicht kennt. Weder Coca-Cola noch McDonald's, nicht einmal die kommunistischen Regimes haben einen derartigen Grad der Perfektion erreicht.

Alles war von Herrn Doktor Goebbels, dem unbestrittenen Genie des Führerkults, vorgeplant und inszeniert. Seine Schlagwörter und Slogans – man möge sich den Begriff einmal auf der Zunge zergehen lassen : Schlag-Wörter ! Wörter zum Schlagen ! – sind von genialer Einfachheit und Klarheit : „Ein Volk, ein Reich, ein Führer" – „Führer befiehl, wir folgen Dir !" – „Kraft durch Freude", und nicht zuletzt jener Spruch der am Eingang der Konzentrationslager prangt : „Arbeit macht frei". Der Tanz der Wörter als Totentanz !

Vor allem im Gesang, der die Masse zusammenwachsen lässt und die Stiefel zum Marsch antreibt, war das Regime von eindrucksvoller Effizienz. Der Gesang ist die Muse der Begeisterung, er verleiht der blinden, fröhlichen Entschlossenheit Rhythmus und Elan.

Ich war neun Jahre alt, als sie bei uns aufgetaucht sind, die Nazis. Vier Jahre lang war ich, vor allem in der

Comment rendre le *Reichsarbeitsdienst*, le travail obligatoire, sympathique, voire agréable ? En éditant et diffusant aux jeunes concernés une carte postale au lavis de couleurs gaies et présentant des recrues à l'enthousiasme à la tâche hors du commun.

Wie kann man den unentrinnbaren Reichsarbeitsdienst sympathisch, ja angenehm erscheinen lassen ? Indem man eine in fröhlichen Farben lavierte Postkarte unter die jungen Leute bringt, auf der begeisterte Rekruten bei der unvergleichlichen Aufgabe zu sehen sind.

Winterhilfswerk, *Dix petits soldats de l'armée de terre, mer et air*, porcelaine peinte et métal, Gräfenthal / Thuringe et Erbach / Odenwald, 1938.
Insignes à collectionner vendus au profit du *Winterhilfswerk*, le Secours d'hiver, une organisation caritative nazie.

Winterhilfswerk, *Zehn kleine Soldaten von Heer, Marine und Luftwaffe*, bemaltes Porzellan und Metall, Gräfenthal / Thüringen und Erbach / Odenwald, 1938.
Zum Sammeln bestimmte Abzeichen, verkauft zugunsten des Winterhilfswerks, der nationalsozialistischen Wohltätigkeits-Organisation.

Autant la violence de la propagande nazie ne cache pas son but, autant l'embrigadement de la jeunesse allemande se fait sous le signe de la mièvrerie.

So wenig die drastisch-heftige, mit krassen Mitteln arbeitende Nazi-Propaganda ihr Ziel verhehlt, so sehr steht das Werben um die deutsche Jugend im Zeichen honigsüßer Kitscheffekte.

Carnet de commande de costumes et d'accessoires de l'armée allemande et pour les Jeunesses hitlériennes.

Bestellschein für Uniformen und Uniformzubehör der Wehrmacht und der Hitlerjugend.

© PHOTO EXPRESSION/MARC DOSSMANN/DR/COLLECTION TOMI UNGERER

Reproduction carte postale du tableau de Franz EICHHORST, *Erinnerung an Stalingrad* (Souvenir de Stalingrad), 1943.

Postkartenreproduktion des Gemäldes *Erinnerung an Stalingrad* von Franz EICHHORST, 1943.

Schule, ihrer hirnrissigen Gehirnwäsche ausgesetzt, vor allem in der Schule. Nazi in der Schule, Elsässer mit meinen Kameraden und Franzose zu Hause. Denn meine Mutter war von grenzenlosem Chauvinismus, eine leidenschaftliche Anhängerin der Trikolore.

Die Schulbücher und Hefte aus dieser Zeit hatte ich aufbewahrt, auch andere Dokumente, eher willkürlich gesammelte Zeitungsausschnitte etwa.

Und als mein Buch *Die Gedanken sind frei. Meine Kindheit im Elsaß (À la guerre comme à la guerre)* erschien – eine mit meinen Kinderzeichnungen und einem Teil meiner Dokumentation illustrierte Autobiographie –, haben mir zahlreiche Leser was noch bei ihnen herumlag anvertraut. Und da habe ich angefangen zu sammeln.

Vor allem aber die Antiquare haben sehr großzügig den Fundus dieses eher ungesunden Archivs erweitert. Es liegt fortan beim Conseil Général du Bas-Rhin, wo es zum Zweck der Untersuchung dieser vergifteten Zeit inventarisiert wurde. Es ist mir nicht ganz geheuer beim Gedanken, diese Dokumente auszustellen. Aus dem einfachen Grund, dass die hervorragende Qualität dieser Propaganda auch heute noch Wirkung entfalten und die Tyrannei scheinbar entlasten könnte.

Neo-Nazis könnten aufgestachelt werden, vor allem aber könnte es bei jungen Menschen die vage Sehnsucht nach einem Regime wecken, das sie nicht erlebt haben, das nun aber gar von einer gewissen Romantik umflort erscheint: Ein Heranwachsender ist auf der Suche nach sich selbst, und gerade weil er Begeisterung und Engagement braucht, läuft er Gefahr, sich zu irren.

Hätte ich die Finsternis jener Jahre nicht durchlebt und letztlich durchschaut, wäre ich nicht das geworden, was ich heute bin: ein Kämpfer gegen jegliche Form von blindem Extremismus, gegen alle Diktaturen, auch die des Geldes. Schon in ganz jungen Jahren wusste ich instinktiv meine Philosophie zu definieren: Alles, was zu Ungerechtigkeit und Gewalt führt, verwerfen, aber auch einen wachen Geist bewahren, um nicht übers Ziel hinaus zu schießen. Ich bin kein Richter, genauso wenig wie ein *Advocatus Diaboli* oder ein *Advocatus Dei*, ich bin einfach nur ein Zeuge. Man muss sich in die Anderen hinein versetzen können, um

régime excella. La chanson, muse de l'enthousiasme, rythme et scande une détermination aussi aveugle que joyeuse.

J'avais neuf ans lorsqu'ils ont débarqué chez nous, les nazis... Pendant quatre ans, je fus exposé, surtout à l'école, au lavage des cervelles de nos cervelas. Nazi à l'école, Alsacien avec mes petits copains, et Français à la maison. Car ma mère était chauvine à l'extrême, passionnément tricolore.

De cette époque, j'avais gardé mes livres et cahiers d'école, des documents, des coupures de presse glanées au hasard. Et, après la parution de mon livre *À la guerre comme à la guerre* – autobiographie illustrée de mes dessins d'enfance et d'une partie de ma documentation –, beaucoup de lecteurs m'ont confié ce qui traînait encore chez eux. Je me suis alors mis à collectionner.

Mais ce sont surtout les libraires d'occasion qui, avec beaucoup de générosité, ont enflé l'ampleur de ces archives plutôt malsaines. Celles-ci sont désormais conservées au Département du Bas-Rhin où elles ont été répertoriées pour l'étude de cette époque empoisonnée. Cela présente un grand dilemme que

La propagande nazie se retrouve sur tous les supports ; les fabricants de cigarettes éditent des livres-albums thématiques où l'on fixe patiemment, au sens propre comme au figuré, l'histoire du Reich.

Die Nazi-Propaganda findet sich auf jeglicher Art von Trägermaterial ; die Zigarettenfabrikanten bringen Bilderalben zu speziellen Themen heraus, in denen die Geschichte des Dritten Reichs getreulich festgehalten bzw. nachgezeichnet wird.

3+2
GROSSDEUTSCHES REICH
4+3
GROSSDEUTSCHES REICH
5+3
GROSSDEUTSCHES REICH
6+4
GROSSDEUTSCHES REICH
8+4
GROSSDEUTSCHES REICH
12+6
GROSSDEUTSCHES REICH
10+5
GROSSDEUTSCHES REICH
15+10
GROSSDEUTSCHES REICH
16+10
GROSSDEUTSCHES REICH
20+10
GROSSDEUTSCHES REICH
24+10
GROSSDEUTSCHES REICH
25+15
GROSSDEUTSCHES REICH
30+20
GROSSDEUTSCHES REICH
12+8
6+4

Timbres collectionnés par Tomi Ungerer.
Von Tomi Ungerer gesammelte Briefmarken.

d'exposer ces documents. Pour la bonne raison que la qualité de cette propagande continue à faire l'apologie d'une tyrannie.

De quoi embraser les néo-nazis mais surtout risquer d'éveiller chez les jeunes la nostalgie d'un régime qu'ils n'ont pas vécu, le parant même d'un certain romantisme : un adolescent se cherche, il peut se tromper par besoin d'enthousiasme et d'engagement.

Si je n'avais pas traversé et transpercé le noir de ces années, je ne serais pas devenu ce que je suis, un combattant opposé à tous les extrémismes aveugles, à toutes les dictatures, y compris celles de l'argent. Dès mon plus jeune âge, j'ai su par instinct définir ma philosophie : rejeter tout ce qui mène à l'injustice et à la violence, mais aussi maintenir une ouverture d'esprit pour savoir faire la part des choses. Ni juge, ni avocat de Dieu ou du Diable, je suis un témoin.

Tomi UNGERER, *Sans titre*, Hitler faisant le salut nazi à une tribune, crayon sur papier cartonné, 1944.
Tomi UNGERER, *Ohne Titel*, Hitler auf einer Tribüne, den Arm zum Nazigruß erhoben, Bleistift auf kartoniertem Papier, 1944.

Tomi UNGERER, *Sans titre*, Caricature d'un Allemand, crayon, gouache et peinture argentée sur papier, 1943.
Tomi UNGERER, *Ohne Titel*, Karikatur eines Deutschen, Bleistift, Wasserfarbe und Silberfarbe auf Papier, 1943

TOMI UNGERER/1979 DIOGENES VERLAG AG, ZÜRICH

Dans ce dessin tiré du recueil *Politrics* (Diogenes Verlag, Zurich, 1979), Tomi Ungerer reprend le thème de la folie des dictatures militaires où le chef, en grand marionnettiste, ne tire plus les bonnes ficelles... Collection Jean Willer.

In dieser Zeichnung aus *Politrics* (Diogenes Verlag, Zürich, 1979) greift Tomi Ungerer das Thema des Wahnsinns aller Militärdiktaturen auf, wenn der oberste Anführer als großer Marionettenspieler sich schließlich in den Drähten vergreift... Sammlung Jean Willer.

Il faut arriver à se mettre à la place des autres pour ne pas céder à l'aveuglement de la haine et de ses vengeances, même devant un peuple balayé par le souffle d'une démence collective. Mais je sais aussi être un accusateur public, afin que NON ! PLUS JAMAIS ÇA, NI ICI, NI AILLEURS !.

J'ai mis mes talents au service de mes engagements : je suis un Malgré-Tout. L'ironie est que je puise mon inspiration dans l'œuvre-même du Dr Goebbels. Dans mes combats, j'utilise souvent les mêmes procédés, les mêmes techniques : les armes de l'adversaire sont les meilleures pour le combattre. La résistance antinazie en Allemagne faisait ainsi, une partie de mes archives l'illustre : par exemple un faux numéro du *Stürmer*, le journal de Himmler, en tout point identique, mais tenant des propos antinazis. Plutôt malin ! Dans le

nicht dem blinden Hass und der Rachgier nachzugeben, auch nicht angesichts eines vom Sog eines kollektiven Wahnsinns erfassten Volkes. Aber ich kann auch ein öffentlicher Ankläger sein, damit... NEIN ! NIE WIEDER ! HIER NICHT UND NIRGENDWO SONST !

Meine Begabung habe ich in den Dienst meiner Überzeugungen gestellt : Ich bin kein „Malgré-Nous", ein Eingezogener wider Willen, ich bin ein „Malgré-Tout", ein Aktivist trotz allem. Die Ironie liegt darin, dass ich mich vom Werk des Dr. Goebbels inspirieren lasse ; in meinen Kämpfen greife ich oft auf dieselben Waffen zurück, dieselben Verfahren, dieselben Techniken : Den Feind schlägt man am besten mit seinen eigenen Waffen. So unter anderem funktionierte in Deutschland der Widerstand gegen die Nazis, ein Teil meines Archivs bezeugt dies : etwa eine gefälschte Nummer des *Stürmer*, die mit der Zeitschrift Himmlers absolut identisch war, nur eben Antinazipropaganda machte. Eine kluge Taktik wie mir scheint. In einem ähnlichen Sinne habe ich in den Vereinigten Staaten ein Buch mit dem Titel *Nicht Wahr ?* veröffentlicht. Auf den ersten Blick ein idyllisch illustriertes Propaganda-Werk mit Photos, die einen von Kindern umgebenen Führer darstellen. Aber die Texte sind nichts als Beschreibungen von Pogromen, von der Vernichtung des Warschauer Ghettos und von allerlei anderen Horrorgeschichten.

Für mich als Elsässer waren die Jahre unmittelbar nach der Befreiung eine Riesenenttäuschung. Verachtung, Schikanen... Wegen meines elsässischen Akzents, auf den ich so stolz bin, weil er meine Identität symbolisiert, wurde ich von manchen Leuten zum „sale Boche" degradiert... Aber heute ist das alles vorbei. *Tempi passati*. Heute sage ich nicht mehr, wie ich es so oft getan habe, das Elsass sei „wie ein Klo : immer besetzt" : Der Zentralismus und das jakobinisch kompromisslose Republikverständnis haben sich gemäßigt und lassen nun Raum zum freieren Atmen. Die Zeiten haben sich geändert und das Elsass hat sich unseren Bedürfnissen entsprechend geläutert.

Gleich bei meiner Rückkehr nach Europa vor dreißig Jahren habe ich mich für die deutsch-französische Annäherung eingesetzt, die von de Gaulle und Adenauer initiiert wurde, und dies obwohl ich deshalb des Pangermanismus bezichtigt wurde und anonyme

même esprit, en 1966, j'ai publié aux États-Unis un livre intitulé *Nicht Wahr ?* À le voir, on dirait un ouvrage de propagande illustré de façon idyllique, avec des photos représentant Hitler entouré d'enfants. Mais les textes ne sont que des descriptions de pogroms, de liquidation du ghetto de Varsovie et d'une macédoine d'autres atrocités.

Pour moi, Alsacien, les années qui ont suivi la Libération furent une grosse déception. Le mépris, les brimades... À cause de mon accent alsacien, cet accent dont je suis si fier parce qu'il symbolise mon identité, j'étais traité par certains de « sale boche »... Mais tout cela, c'est aujourd'hui révolu. Je ne dis plus, comme je l'ai fait si souvent, que l'Alsace c'est « comme un cabinet, toujours occupé » : la centralisation et le jacobinisme ont laissé la place à un espace où l'on peut respirer avec moins d'hésitations. Les temps ont bien changé et l'Alsace a fait sa toilette nécessaire à nos besoins.

Dès mon retour en Europe, il y a trente ans, je me suis engagé à fond dans le rapprochement franco-allemand initié par de Gaulle et Adenauer, même si cela m'a valu de me faire traiter de pangermaniste et de recevoir des lettres anonymes me promettant : « On t'attend pour te descendre ». Cette réconciliation entre deux peuples qui se sont haïs jusqu'à vouloir se

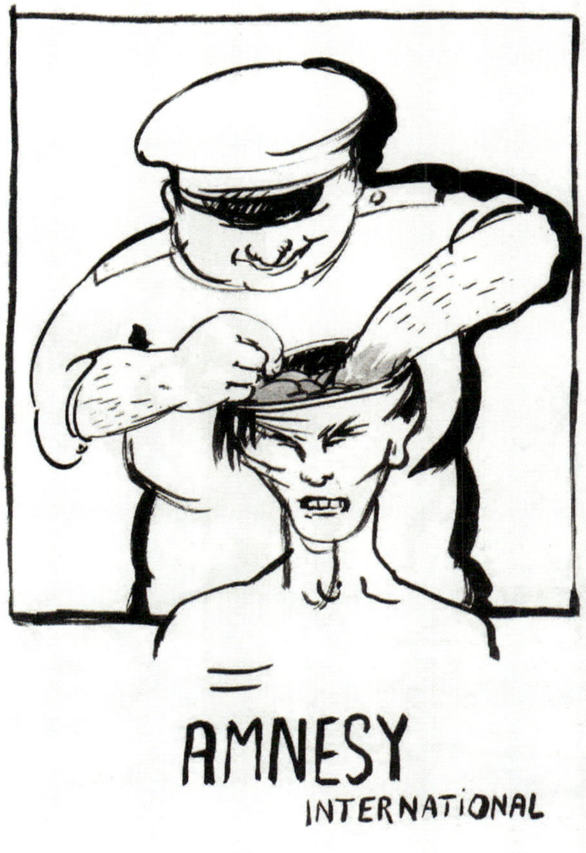

Tomi UNGERER, *Sans titre*, dessin pour Amnesty International tiré du recueil *Politrics* (Diogenes Verlag, Zurich, 1979). Collection Jean Willer.

Tomi UNGERER, *Ohne Titel*, Zeichnung für Amnesty International aus dem Band *Politrics* (Diogenes Verlag, Zürich, 1979). Sammlung Jean Willer.

Croix gammée inaltérable à la place du cœur, détectable sous les rayons X. Tomi UNGERER, *Sans titre*, dessin tiré du recueil *Politrics* (Diogenes Verlag, Zurich, 1979). Collection Jean Willer.

**Unverwüstliches Hakenkreuz an der Stelle des Herzens, auf dem Röntgenschirm sichtbar werdend.
Tomi UNGERER, *Ohne Titel*, Zeichnung aus *Politrics* (Diogenes Verlag, Zürich, 1979). Sammlung Jean Willer.**

dépecer l'un l'autre est un miracle sans précédent dans l'histoire envenimée de notre globe. Un miracle qui a engendré l'Europe.

Soyons fiers et reconnaissants. NON ! PLUS JAMAIS ÇA, NI ICI, NI AILLEURS !

Que la colère et le dégoût, que l'insécurité et le complexe d'infériorité, que la lâcheté même, deviennent des sources d'énergie orientées par le discernement, assaisonnées par le sourire et la bonne volonté, frétillées par un humour qui saura vaincre la bassesse et la mesquinerie. Que la mémoire, réactivée, recyclée, serve la tolérance et la compassion. Car l'oubli est une forme de paresse.

La seule recette face à l'outrance des fanatiques, c'est l'enseignement et la pratique du respect dès le plus jeune âge afin que

NON !
PLUS JAMAIS ÇA,
NI ICI,
NI AILLEURS !

Tomi Ungerer

Je remercie Philippe Richert, le Conseil Général du Bas-Rhin et le Mémorial de Schirmeck qui rendent ces archives disponibles au questionnement du public.

Briefe bekommen habe, in denen in sehr unverblümtem Französisch stand, was mir zugedacht war: „On t'attend pour te descendre." („Warte nur, wir machen dich kalt.") Die Versöhnung zwischen zwei Völkern, die sich so sehr gehasst haben, dass sie bereit waren, sich wie zwei Tiere zu zerfleischen, ist ein nie dagewesenes Wunder in der vergifteten Geschichte unserer Welt. Ein Wunder, aus dem Europa hervorgegangen ist.

Seien wir stolz und dankbar. NEIN ! NIE WIEDER ! HIER NICHT UND NIRGENDWO SONST !

Mögen der Zorn und der Ekel, mögen Unsicherheit und Minderwertigkeitskomplex, möge die Feigheit sogar zu Energiequellen werden. Einsicht und Urteilskraft sollen diese Energie lenken, guter Wille und Freundlichkeit ihr eigen sein, und ein Humor, der Kleinkariertheit und Gemeinheit zu überwinden weiß, soll sie verträglich machen. Möge die Erinnerung, das wiederbelebte, erneuerte Gedächtnis der Toleranz und dem Mitgefühl zu Diensten sein. Denn Vergessen ist eine Form von Faulheit.

Das einzige Rezept gegen die Entgleisungen der Fanatiker ist die Lehre und die Praxis des Respekts, schon in ganz jungen Jahren – damit

NEIN !
NIE WIEDER !
HIER NICHT
UND NIRGENDWO SONST !

Tomi Ungerer

Ich danke Philippe Richert, dem Conseil Général du Bas-Rhin und dem Memorial von Schirmeck, die dieses Archiv den Fragen des Publikums zugänglich machen.

LAURENT BARIDON

Images désenchantées d'une enfance en guerre

« Cette brume insensée où s'agitent des ombres, comment pourrais-je l'éclaircir ? »
(Raymond Queneau, cité par Georges Perec en épigraphe de *W ou le souvenir d'enfance*)

« Je me méfie de ce qu'on appelle les "souvenirs d'enfance" » écrit Tomi Ungerer dans *À la guerre comme à la guerre*, le récit de sa jeunesse. Il connaît sans doute le poids de cette mémoire particulière dans l'histoire que chacun tente de se construire, sans que l'on sache très bien pourtant si elle rappelle des faits authentiquement vécus, racontés par d'autres, seulement rêvés ou complètement inventés. Mais, dans son cas, cette mémoire est d'autant plus imprécise qu'elle est aussi celle d'un moment et d'un lieu, la Seconde Guerre mondiale en Alsace. Et l'on comprend que cette méfiance envers ses propres souvenirs s'exerce envers lui comme contre tout ce qui pourrait ressurgir de cette époque troublée. La personnalité de cet artiste s'est ainsi construite dans l'entre-deux de son histoire personnelle et de l'Histoire, « avec sa grande hache » comme l'écrivait Perec, dans la complexité propre à chacune d'elle comme dans leur enchevêtrement confus.

Quand survient la guerre, Tomi Ungerer est âgé de huit ans. Sa mémoire n'est pas certaine d'avoir conservé ne serait-ce qu'une impression de son père, décédé quatre ans plus tôt. Ses parents, parfaits représen-

© PHOTO EXPRESSION/MARC DOSSMANN/COLLECTION TOMI UNGERER

Anonyme, *Tomi Ungerer au garde-à-vous, en petit soldat français*, photographie, Logelbach ?, 1941.

Anonym, *Tomi Ungerer als kleiner französischer Soldat in Habachtstellung*, Photographie, Logelbach ?, 1941.

Entzauberte Bilder einer Kindheit im Krieg

„Dieser unsinnige Nebeldunst, in dem sich Schatten bewegen, wie könnte ich ihn nur aufhellen ?"
(Raymond Queneau, von Georges Perec als Motto zu *W oder die Kindheitserinnerung* zitiert)

„Dem, was man 'Kinheitserinnerungen' nennt, trau ich nicht", schreibt Tomi Ungerer in *Die Gedanken sind frei (À la guerre comme à la guerre)*, der Geschichte seiner Kindheit. Vermutlich ist ihm klar, wie gewichtig jene besondere Erinnerung im Rahmen der Geschichte ist, die jeder versucht sich zurecht zu basteln, ohne dass man recht wüsste, ob die erinnerten Fakten authentisch, von Dritten erzählt, nur geträumt oder frei erfunden sind. Aber in seinem Fall ist dieses Erinnern um so ungenauer, als es auch eine bestimmte Zeit und einen bestimmten Ort betrifft, den Zweiten Weltkrieg im Elsass. Und man kann verstehen, dass dieses Misstrauen den eigenen Erinnerungen gegenüber sich gegen ihn (selbst) richtet, so wie es sich gegen alles richtet, was aus dieser wirren Zeit wieder aufsteigen könnte. Somit hat sich die Persönlichkeit dieses Künstlers im Zwischenfeld seiner persönlichen Geschichte und der „großen Geschichte" herausgebildet, in der Vielschichtigkeit, die beiden eigen ist, sowie in ihrem hoffnungslos unübersichtlichen Ineinander bzw. Durcheinander.

Als der Krieg ausbrach, war Tomi Ungerer acht Jahre alt. Er ist sich nicht sicher, ob sein

L'énergie sans faille et l'instinct grégaire prônés par la *Jungvolk*, le mouvement pour la jeunesse nazie. Photo tirée de *Die Jugend des Führers. Bilderbuch über die Großdeutsche Jugend*, Erwin Skacel Verlagsbuchhandlung, Leipzig, 1942.

Niemals erlahmende Energie und fanatisches Gemeinschaftsgefühl, wie sie vom Jungvolk, der Nazi-Jugendorganisation für die zehn- bis vierzehnjährigen, propagiert wurden. Photo aus *Die Jugend des Führers. Bilderbuch über die Großdeutsche Jugend*, Erwin Skacel Verlagsbuchhandlung, Leipzig, 1942.

tants des élites alsaciennes, sont nés Allemands pour devenir Français en 1918, parlant aussi bien les deux langues, maîtrisant les deux cultures. Mais en juin 1940 la langue française est interdite, l'enseignement germanisé et Tomi doit apprendre rapidement l'allemand. Un de ses souvenirs d'enfance les plus précis est lié à cette répression linguistique. Accusée sur dénonciation de parler français à la maison, sa mère est convoquée par les autorités. Afin de plaider sa cause en mère de famille, elle emmène son petit Jean-Thomas devenu Hans, feignant d'adhérer aux objectifs du régime nazi. Mensonge, dissimulation et méfiance marquent sa mémoire d'enfance, parlant selon les lieux l'allemand, le français ou l'alsacien, mais devant toujours « tenir sa langue » et ne pas s'en tromper.

Pour des raisons de santé, il échappe aux organisations de jeunesse nazies bien qu'il ait

Gedächtnis den geringsten Eindruck von seinem vier Jahre zuvor verstorbenen Vater bewahrt hat. Seine Eltern sind die perfekten Vertreter des elsässischen Großbürgertums: Als Deutsche geboren, wurden sie 1918 Franzosen, sie beherrschten beide Sprachen und waren in beiden Kulturen zuhause. Aber im Juni 1940 wird die französische Sprache verboten, Unterricht findet nur noch auf Deutsch statt und Tomi muss schleunigst Deutsch lernen. Eine seiner präzisesten Kindheitserinnerungen steht im Zusammenhang mit dieser sprachlichen Unterdrückung: Seine Mutter muss bei den Behörden erscheinen, weil sie wegen heimlichen Pflegens der französischen Sprache denunziert worden ist. Um sich in der Mutterrolle besser zu verteidigen, nimmt sie ihren kleinen Jean-Thomas mit, der ein kleiner Hans geworden ist, und heuchelt Begeisterung für die Ziele des Nazi-Regimes. Lüge, Verstellung und Argwohn prägen seine Kindheitserinnerungen: Je nachdem, wo er sich befand, hatte er Deutsch, Französisch oder Elsässisch zu sprechen, aber im Grunde musste er stets seine Zunge im Zaum halten und durfte sich nicht in der Sprache irren.

Aus Gesundheitsgründen bleibt ihm der Beitritt zur Hitlerjugend erspart, obwohl er 1941 alt genug gewesen wäre, um Mitglied des *Deutschen Jungvolks* zu werden. Eine ausgeklügelte Propagandapolitik kommt in Schwung, die speziell die Jugend zu germanisieren und zu indoktrinieren sucht. Am 8. September 1940 findet die erste große Nazi-Massenveranstaltung in Straßburg statt. Die fünftausend Teilnehmer feiern die Gründung der *Hitler-Jugend Elsass,* die fortan alle anderen Jugendverbände ersetzt. Der Beitritt ist nicht Pflicht, aber man wird sich erinnern, mit welchen Mitteln es diesem Regime gelang, so gut wie alle Bürger seinen Zwecken zu unterwerfen. Die schlichte Tatsache, dass man nicht Mitglied der offiziellen beruflichen oder politischen Organisationen ist, genügt, um verdächtigt, beschuldigt und bald schon verhört zu werden. Im Übrigen ist die *Hitler-Jugend* durchaus attraktiv. Sie veranstaltet Konzerte, Sportfeste und „Kulturlager". Dabei geht es auch darum, den jungen Menschen, die sie nicht

l'âge, dès 1941, d'être membre du *Deutsche Jungvolk*. Toute une politique de propagande est élaborée à destination de la jeunesse afin de la germaniser et de l'endoctriner. Le 8 septembre 1940 a lieu le premier grand rassemblement nazi à Strasbourg. Les 5000 participants célèbrent la création de la *Hitler-Jugend-Elsaß* qui se substitue à toutes les organisations de jeunesse. L'adhésion n'est pas obligatoire, mais on sait comment ce régime put soumettre presque tous les citoyens. Le simple fait de ne pas faire partie des organisations officielles, professionnelles ou politiques suffit à être soupçonné, accusé et bientôt questionné. La *Hitler-Jugend* est d'ailleurs séduisante. Elle organise des concerts, des manifestations sportives et des «camps culturels». Il s'agit aussi d'apprendre l'allemand à ceux qui ne le parlent pas, grâce à une méthode basée sur le chant et l'image.

Tomi Ungerer échappe à cet enrégimentement idéologique direct. Ses dessins de jeunesse témoignent d'ailleurs d'une résistance à la nazification. Hansi, désigné par une célèbre affiche de propagande comme partie intégrante de ce qu'il convient alors d'appeler la «vermine française», est un incomparable modèle pour railler l'armée allemande. Il lui emprunte des compositions, notamment pour imaginer, dès 1943, la retraite de la Wehrmacht au-delà du Rhin. Au revers de feuilles d'allocations militaires de la République française, il représente les soldats allemands ivres, violents et ridicules, dépouillant un brave petit Alsacien de ses victuailles. L'opposition à la germanisation trouve facilement ses références dans la tradition de l'imagerie satirique et populaire alsacienne.

Pourtant, bien d'autres représentations imprègnent alors son regard et son esprit, à commencer par celles de la propagande officielle,

© PHOTO EXPRESSION/MARC DOSSMANN/DR/COLLECTION TOMI UNGERER

Le soin apporté aux accessoires et aux détails de ce petit général – son bras articulé lui permet de fixer l'horizon avec les jumelles – laisse entrevoir l'importance des modèles réduits à destination des enfants.

Die sorgfältige Ausführung sämtlicher Details dieses kleinen Generals – er kann den Arm bewegen, um mit dem Fernglas den Horizont zu beobachten – lässt erkennen, wie bedeutsam diese für die Kinder bestimmten Miniaturen waren.

beherrschen, die deutsche Sprache beizubringen mit Hilfe einer Methode, die mit Liedern und Bildern arbeitet.

Tomi Ungerer entgeht diesem direkten ideologischen Zugriff. Seine Kinderzeichnungen zeugen denn auch von Widerstand gegen die Nazifizierung. Der Zeichner Hansi, der auf einem berühmten Propaganda-Plakat als markanter Teil dessen, was man damals „das französische Ungeziefer" nannte, bezeichnet wurde, wird zum bestens geeigneten Vorbild, um die deutsche Wehrmacht zu verspotten. Tomi übernimmt von ihm den Bildaufbau, um beispielsweise – bereits 1943 – den Rückzug der Wehrmacht über den Rhein herbeizuphantasieren. Auf der Rückseite von Formularen für Militärzulagen der Vichy-Republik zeichnet er

omniprésentes à l'école, dans les rues comme dans les journaux. Elles pèsent sur le développement de la personnalité du jeune artiste, sensible plus que tout autre aux images et aux impressions qu'elles impriment dans son imagination. Le portrait d'Hitler orne les salles de classe et il se retrouve bien sûr dans ses dessins, plus ou moins caricaturé. Dans le contexte scolaire, de nombreuses activités sont destinées à motiver les tempéraments combattants. On exécute des maquettes d'avion, un moyen de faire naître des vocations pour la Luftwaffe. À la maison, on joue avec les soldats de plomb figurant, unies du même pas martial, toutes les armes, tous les corps, toutes les institutions et même leurs dignitaires, depuis le soldat jusqu'à Hitler en pas-

betrunkene, gewalttätige, lächerliche deutsche Soldaten, die einen braven kleinen Elsässer seiner Essensvorräte berauben. Der Widerstand gegen die Germanisierung kann hier unschwer anknüpfen an die Tradition der satirischen elsässischen Bilderbögen.

Es gibt jedoch noch ganz andere Bilder, die sein Auge und seinen Geist beschäftigen, angefangen bei denen der offiziellen Propaganda, die in der Schule, den Straßen und den Zeitungen allgegenwärtig sind. Sie sind prägend für die Persönlichkeitsentwicklung des jungen Künstlers, der mit seiner Phantasie mehr denn jeder andere für die nachhaltigen visuellen Eindrücke empfänglich ist. Das Porträt Hitlers schmückt alle Klassenzimmer, und selbstverständlich findet man es – mehr oder weniger zur Karikatur abgewandelt – in Tomis Zeichnungen wieder. Zahlreiche schulische Aktivitäten und Veranstaltungen sind

Ce rare modèle réduit de Stuka Junkers 87 figure aujourd'hui encore dans la collection privée de Tomi Ungerer, comme une sorte de pièce « à conviction ». Collection privée de Tomi Ungerer.

Dieses seltene Modell einer Stuka Junkers 87 figuriert heute noch in Tomi Ungerers privater Sammlung als eine Art „Hauptbeweisstück". Privatsammlung Tomi Ungerer.

sant par l'inspecteur de la Gestapo. Des modèles réduits au réalisme saisissant, d'une solidité exemplaire, enracinent la culture du combat et des armes dans les jeux de l'enfance. Grâce à eux, il n'est pas besoin d'avoir entendu le hurlement d'un Stuka en piqué pour éprouver le frisson de sa terrifiante puissance. La violence et la mort exercent leur attrait avec d'autant plus de force qu'elles ne sont pas directement vécues. D'ailleurs la mémoire consciente du garçon sera davantage marquée par les dégâts et les morts causés par les bombes de l'aviation alliée qui décapitent le propriétaire de la maison voisine et le font hurler de terreur alors que le souffle de leurs explosions ravage la cuisine de sa maison.

Charmants petits oiseaux de porcelaine peinte vendus par les enfants au profit du *Winterhilfswerk*, le Secours d'hiver, l'organisation caritative nazie. Tomi Ungerer les a collectés un peu comme s'il s'agissait de constituer un cabinet d'ornithologie imaginaire. Oiseaux réalisés par la manufacture d'Augarten-Vienne en 1942, et photo tirée de *Die Jugend des Führers. Bilderbuch über die Großdeutsche Jugend*, Erwin Skacel Verlagsbuchhandlung, Leipzig, 1942.

Hübsche kleine Porzellanvögel, die von Kindern zugunsten des Winterhilfswerks verkauft wurden. Tomi Ungerer sammelte sie, ganz als wollte er sich ein kleines imaginäres Vogelkabinett zulegen. Hergestellt in der Manufaktur Augarten-Wien, 1942; Photo aus *Die Jugend des Führers. Bilderbuch über die Großdeutsche Jugend*, Erwin Skacel Verlagsbuchhandlung, Leipzig, 1942.

La fascination pour l'aéromodélisme des jeunes garçons devait faire naître des vocations pour la Luftwaffe. Photo tirée de *Die Jugend des Führers. Bilderbuch über die Großdeutsche Jugend*, Erwin Skacel Verlagsbuchhandlung, Leipzig, 1942.

Flugmodellbau und Flugzeugmodelle faszinierten die Jugend im Knabenalter. Das sollte tunlichst „Berufungen" für die Luftwaffe des Führers wecken. Photo aus *Die Jugend des Führers. Bilderbuch über die Großdeutsche Jugend*, Erwin Skacel Verlagsbuchhandlung, Leipzig, 1942.

darauf ausgerichtet, kämpferische Naturen anzusprechen und zu motivieren. Es werden Flugzeugmodelle gebastelt, was Berufungen für die Luftwaffe wecken soll. Zu Hause wird mit Zinnsoldaten gespielt, die in gleichförmig martialischer Haltung sämtliche Waffengattungen, sämtliche Einheiten, sämtliche Institutionen, Ränge und sogar einzelne Würdenträger darstellen, vom einfachen Soldaten über den Gestapobeamten bis hinauf zum Führer. Außerordentlich solide, verblüffend realistische Modelle bringen die Kultur des Kampfes und der Waffen in die Kinderspiele ein. Man braucht das Gejaule der herabstürzenden Stukas nicht mit eigenen Ohren gehört zu haben, um vor ihrer Terrorgewalt zu schaudern. Tod und Gewalt sind umso faszinierender, als sie nicht unmittelbar erlebt werden. Die bewusste Erinnerung des Knaben wird denn auch stärker von den Zerstörungen und den entsprechenden Toten geprägt, die von den alliierten Luftangriffen verursacht wurden : Eine Bombe köpft den Besitzer des Nachbarhauses ; schreiend vor Angst erlebt er, wie

La menace du nazisme est bien perçue, mais rien ne la révèle dans le monde des images, celui de cet enfant. Au contraire même, les représentations qui s'offrent à son regard sont guerrières certes, mais surtout sincères, dynamiques, franches et même charmantes. Il y a les timbres qu'il collectionne avec passion et lui font connaître les gloires de la science et de la culture allemande ; ces petites vignettes à coller qui montrent les héros combattants, beaux et virils ; ces modèles réduits de camions militaires en tôle ; ces charmantes figurines vendues au profit d'un organisme de secours, le *Winterhilfswerk*. Évidemment, le don à cet organisme de secours est un peu obligatoire et ces objets, fièrement arborés ou exhibés, témoignent de ce que l'on est un bon citoyen du Reich. Mais l'enfant ne voit que la surface lisse et brillante de leur anodine apparence. Elles reprennent les personnages populaires de l'enfance, *Max und Moritz* de Wilhelm Bush, dont le père de Tomi s'inspirait dans ses propres dessins. Ces délicates figurines en porcelaine représentent des soldats, mais aussi les métiers traditionnels. En verre coloré transparent comme le sucre des bonbons, elles inventorient les plus célèbres édifices du Reich, dont la cathédrale de Strasbourg, tout comme les simples maisons traditionnelles à pans de bois. Elles représentent aussi de pimpants oiseaux ou de délicieuses gerbes de plantes pour initier à la botanique. Tomi qui se voit garde-forestier dessine avec précision cette faune et cette flore de faïence. Toutes ces images, ces gestes et ces jouets imprègnent profondément les regards, les gestes et les esprits, par leur banalité même.

Il est impossible d'y résister. Pourrait-il d'ailleurs mettre en doute les intentions du Führer quand celui-ci se préoccupe de sa santé en lui

die Küche seiner Mutter vom Luftdruck explodierender Bomben zerstört wird.

Die Drohung des Nazismus ist spürbar, aber nichts enthüllt sie in der Welt der Bilder, also der Welt dieses Kindes. Im Gegenteil sogar, die Darstellungen, die sich seinem Blick bieten, sind gewiss kriegerisch, aber immer ehrlich, dynamisch, offen, manche sehr einnehmend gestaltet. Da gibt es die Briefmarken, die er leidenschaftlich sammelt, und die ihm den Ruhm der deutschen Wissenschaft und Kultur nahe bringen. Und die Zigarettenbilder, die in Alben eingeklebt werden und die schöne, virile, kämpfende Helden zeigen. Blechspielzeug, Modelle von Militärlastwagen. Reizende kleine Figuren, die zugunsten des *Winterhilfswerks* verkauft werden. Natürlich sind die Spenden an diese Institution nahezu Pflicht, und diese Gegenstände, die mit Stolz vorgewiesen oder ausgestellt werden, beweisen, dass man ein guter Staatsbürger des deutschen Reichs ist. Aber das

Tomi UNGERER, *Scène allégorique*, crayon, encre et gouache sur papier, 1943.

Tomi UNGERER, *Allegorische Szene*, Bleistift, Tinte und Wasserfarben auf Papier, 1943.

Témoin de l'embrigadement dans le *Reichsarbeitsdienst (RAD)*, le service du travail obligatoire, le jeune Tomi a croqué avec une économie de moyens étonnante un officier du *RAD*, le poignard à la main, la mine patibulaire.

Der junge Tomi Ungerer, der miterlebt, wie der obligatorische Reichsarbeitsdienst (RAD) im Elsass rekrutiert, hat mit sparsamsten Mitteln einen Offizier dieses RAD gezeichnet : Dolch in der Hand, Verbrechergesicht…

enjoignant de prendre un bon petit-déjeuner, quand il institue le *Muttertag*, occasion d'offrir un bouquet à sa propre mère qui, pourrait-il en être autrement, le reçoit en souriant ? Comment un enfant résisterait à ces cartes postales de foules et de jeunes se pressant autour d'Hitler avec chaleur et sympathie, à toute cette propagande qui passait par les vignettes et les bons points, collectionnés, échangés et montrés comme des trésors, toutes ces petites appropriations du monde si essentielles à l'enfance ? Ce jeune garçon passionné par ce qu'il voit, persuadé que le dessin se confond avec la vie, est ainsi devant des images qui, peu à peu, se révèlent falsificatrices. Il est pourtant encouragé à croire à ce qu'elles représentent, à chaque moment de la vie scolaire. Son professeur, qui reconnaît ses talents de dessinateur, lui affirme d'ailleurs que « le Führer a besoin d'artistes », car, en effet, ce régime vit et existe par le mensonge de ses images.

Kind sieht lediglich die glatte, glänzende Oberfläche ihrer harmlosen Erscheinung. Sie stellen berühmte Figuren der Kinderliteratur dar, Wilhelm Buschs Max und Moritz etwa, die schon Tomis Vater in seinen eigenen Zeichnungen übernommen hatte. Grazile Porzellanfigürchen stellen Soldaten dar oder die traditionellen Handwerksberufe. Manche sind aus buntem, durchsichtigem Glas und miniaturisieren die bedeutendsten Gebäude des Reichs, etwa das Straßburger Münster, aber auch schlichte Fachwerkhäuser. Und dann gibt es welche, die schmucke Vögel darstellen oder hinreißende Blumengestecke, um den Betrachter in die Botanik einzuführen. Tomi, der Förster werden will, fertigt äußerst sorgfältige Zeichnungen dieser Flora und Fauna aus Steingut. All diese Bilder, diese Gesten und diese Spielzeuge durchdringen und prägen, gerade in ihrer Banalität, Blick, Körperhaltung und Gedanken.

Widerstehen ist unmöglich. Wie könnte der junge Tomi die guten Absichten des Führers in Zweifel ziehen, wenn dieser sich doch um seine Gesundheit sorgt und ihn dazu ermuntert, ein gutes Frühstück einzunehmen, oder wenn er den Muttertag einführt und somit die Gelegenheit bietet, der Mama einen Blumenstrauß zu schenken, den diese auch freudestrahlend annimmt, wie könnte es anders sein ? Wie soll ein Kind solchen Postkarten widerstehen, die Menschenmengen zeigen und Jugendliche, die sich begeistert um Hitler scharen, wie dieser ganzen Propaganda widerstehen, die mit Sammelbildchen arbeitet, die man tauscht und vorzeigt wie Schätze, all diese kleinen Aneignungen der Welt, die für die Kindheit so wesentlich sind ? Der Junge, der sich für alles, was er sieht, begeistert, der überzeugt ist, dass Zeichnen mit Leben übereinstimmt, ist mit Bildern konfrontiert, die sich ganz allmählich erst als verfälschend erweisen, obwohl er in jedem Augenblick seines Schülerdaseins angehalten wird, an das, was sie darstellen, zu glauben. Sein Lehrer, der die Begabung des Jungen fürs Zeichnen erkennt, erklärt ihm, dass der Führer auch Künstler braucht : In der Tat lebt und überlebt dieses Regime durch die Lüge seiner Bilder.

Il existe aussi par tout l'appareil de répression et d'extermination que les images ne montrent pas mais qui est pourtant présent dans tous les esprits. L'imagination du jeune garçon est travaillée par les récits des arrestations, par les rumeurs de ce qui se passe dans les camps, de ce que subissent ceux qui sont au Struthof. L'uniforme SS est associé à la potence et au crime dans certains de ses dessins ; mais ce macabre de Grand-Guignol est bien loin d'une réalité proprement inimaginable pour tous ceux qui n'y ont pas eu affaire ou qui veulent n'en rien savoir. Et même si elle avait été imaginable, comment un garçon de dix ans pourrait-il se la représenter et la dessiner ? Il ne peut que contempler l'allée de marronniers voisine de sa maison, ces beaux arbres à chaque branche desquels pendra bientôt un juif, ainsi que l'a déclaré en souriant un soldat bien endoctriné attablé dans la cuisine familiale. Quel enfant voudrait dessiner ainsi sa maison ? Comment devenir artiste et créer des images sincères ?

Le moyen de croire à ce que l'on voit après n'avoir vu que des images mensongères, après avoir imaginé des vérités, pourtant si éloignées de ce qu'elles étaient ? Sans doute est-ce pour combler ce manque et compenser cette perte que Tomi Ungerer a, sa vie durant, patiemment rassemblé des documents de cette propagande à l'insidieuse séduction. Il recherche ainsi son enfance perdue, traumatisme personnel au milieu de millions d'autres. Plus tard, il a aussi recherché les témoignages de ce qu'il n'avait pas vu à l'époque, et ce qu'il aurait probablement aimé voir : des tracts illustrés de résistants allemands, actes dérisoires de contestation par l'image, s'opposant aux représentations officielles, s'affrontant en vain à la puissance visuelle d'un régime qui, pour l'éternité, s'incarnait en de

Es lebt allerdings auch dank dem ganzen Apparat der Repression und der Vernichtung, den die Bilder nicht zeigen, der aber in allen Köpfen präsent ist. Die Phantasie des Jungen wird aufgepeitscht durch die Erzählungen von Festnahmen, durch die Gerüchte über die Vorgänge in den Lagern, über das, was die Menschen erdulden müssen, die auf dem Struthof gelandet sind. Die SS-Uniform wird in einigen seiner Zeichnungen mit dem Galgen und dem Verbrechen in Verbindung gebracht. Aber das kasperlhaft Makabre ist weit entfernt von einer Realität, die für diejenigen, die sie nicht erlebt haben oder die nichts von ihr wissen wollen, buchstäblich unvorstellbar ist. Und selbst wenn sie vorstellbar gewesen wäre, wie hätte ein zehnjähriger Junge sie sich vorstellen und sie zeichnen können ? Die schöne Kastanienallee in der Nähe seines Hauses kann er nur betrachten, diese schönen Bäume, an deren Ästen demnächst je ein Jude hängen wird, wie es ein gut indoktrinierter Soldat am häuslichen Küchentisch lächelnd verkündet hat. Welches Kind würde sein Haus so zeichnen wollen ? Wie kann man Künstler werden und ehrliche Bilder schaffen ?

Wie soll man an all das glauben, was man sieht, nachdem man nur verlogene Bilder gesehen hat, nachdem man sich Wahrheiten ausgedacht hat, die so weit entfernt waren von der Wirklichkeit ? Vermutlich hat Tomi Ungerer sein Leben lang die Dokumente dieser heimtückisch verführerischen Propaganda gerade deshalb gesammelt, weil er diese Wahrheitslücke ausgleichen, diesen Verlust verarbeiten musste. Auf diesem Weg begibt er sich auf die Suche nach seiner verlorenen Kindheit – persönliches Trauma unter Millionen anderen. Später hat er dann auch nach Zeugnissen gefahndet, die er seinerzeit nicht gesehen hatte und die er vermutlich begierig aufgenommen hätte : illustrierte Flugblätter von deutschen Widerstandskämpfern, lächerlich schwache Protestaktionen mit Hilfe von Bildern, die gegen die Offiziellen Darstellungen anzugehen versuchten, die sich hoffnungslos gegen die visuelle Macht eines Regimes auflehnten, das sich für alle Ewigkeit in neuen Götzenbildern verkörperte. Als Erwachsener

L'avant et l'après « rééducation » de jeunes Allemands par les Jeunesses hitlériennes. Photos tirées d'un livre de propagande dont l'auteur mentionné est Adolf Hitler en personne : *Die Jugend des Führers. Bilderbuch über die Großdeutsche Jugend*, Erwin Skacel Verlagsbuchhandlung, Leipzig, 1942.

nouvelles icones. Devenu adulte, Tomi Ungerer prit le contrepied de l'image par la satire, exagéra ses significations par l'outrance, fit régner l'imaginaire sur le réel pour en désamorcer la trompeuse évidence. Son esprit caustique et iconoclaste a puisé ses forces dans son enfance fascinée par des représentations d'autant plus coupables qu'elles semblaient innocentes, par ces images à jamais désenchantées.

Laurent Baridon

Professeur d'histoire de l'art
Université Pierre Mendès-France de Grenoble

Vorher – nachher : „Umerziehung" der deutschen Jugend durch die HJ. Photos aus einem Propagandabuch, als dessen Autor Adolf Hitler persönlich genannt wird : *Die Jugend des Führers. Bilderbuch über die Großdeutsche Jugend*, Erwin Skacel Verlagsbuchhandlung, Leipzig, 1942.

widersetzte sich Tomi Ungerer der Macht der Bilder durch die bildnerische Satire : Er überspitzte systematisch ihren Sinn ; er ließ die Phantasie über die Wirklichkeit herrschen, um deren trügerische Selbstverständlichkeit zu untergraben. Sein bissiger und bilderstürmerischer Geist hat seine Kraft aus der Kindheit gesogen, jener Kindheit, die von Bildern fasziniert war, die umso schuldbeladener waren, als sie unschuldig schienen, von jenen für immer entzauberten Bildern.

Laurent Baridon

Professor für Kunstgeschichte
an der Universität Pierre Mendès-France in Grenoble

THÉRÈSE WILLER

« Bêtes noires » Le thème de la guerre dans l'œuvre de Tomi Ungerer

Tomi Ungerer fut confronté très jeune à la guerre : il fut en effet témoin du conflit de 1939-1945. Agé de huit ans quand ce dernier éclata, il vécut l'occupation de l'Alsace par les Allemands. La vie quotidienne de sa famille en fut affectée comme celle de tous les Alsaciens, mais ce sont surtout des épisodes dramatiques comme les bombardements de la poche de Colmar ou l'installation d'un camp de prisonniers en face de sa maison qui paraissent avoir le plus marqué le jeune Tomi. Un ensemble de dessins de cette époque[1] – il avait commencé très jeune à dessiner – reflète cette période agitée de l'Histoire de la région. Il remplissait de ses croquis et de ses notes les pages de toutes sortes de supports, des cahiers d'école et des carnets, des feuilles libres et même des versos de formulaires que sa sœur Geneviève rapportait de l'*Arbeitsdienst* et a constitué ainsi un précieux reportage vu au travers de ses yeux d'adolescent. Le cahier intitulé *Mon Journal* témoigne par exemple des années 1943 et 1944[2]. Déjà apparaît

Fig. 1. Tomi UNGERER, *« Tête de mort ». Mon Journal*, couverture du carnet de dessins et de notes de l'année 1943-1944, crayon de couleurs et encre sur carton.

Abb. 1. Tomi UNGERER, *„Tête de mort". Mon Journal („Totenkopf". Mein Tagebuch)*, Einbanddeckel des Heftes mit Zeichnungen und Notizen aus dem Schuljahr 1943/44, Farbstifte und Tinte auf Karton.

„Bêtes noires" Das Kriegsthema im Werk von Tomi Ungerer

Als Kind schon wurde Tomi Ungerer mit dem Krieg konfrontiert: Er wurde Zeuge des Konflikts von 1939-1945. Als er ausbrach, war er acht Jahre alt, und er erlebte die Besetzung des Elsass durch die Deutschen. Wie bei allen Elsässern war der Alltag seiner Familie davon betroffen, aber anscheinend waren es vor allem die dramatischen Episoden wie etwa die Bombardierungen und die schweren Kämpfe bei Colmar im Winter 1944/45 oder die Einrichtung eines Gefangenenlagers gegenüber von seinem Elternhaus, die den Jungen am stärksten beeindruckt haben. Ein Konvolut von Zeichnungen aus dieser Phase[1] – er hatte sehr früh schon zu zeichnen begonnen – spiegelt diese bewegte Zeit in der Geschichte der Region. Mit seinen Skizzen und Notizen bekritzelte er allerlei Papiermaterial, Schulhefte und Notizbücher genauso wie lose Blätter und sogar die Rückseiten von Formularen, die seine Schwester Geneviève vom Arbeitsdienst zurückbrachte, und somit entstand aus dem Blickwinkel der späten Kindheit eine kostbare Reportage. Ein Heft etwa, das die Überschrift *Mon Journal (Mein Tagebuch)* trägt, liefert Zeugnisse über die Jahre 1943 und 1944[2]. Bereits in diesen

Fig. 2. Tomi UNGERER, *Sans titre*, caricature d'un officier allemand, 1948 (?), lavis d'encres sur papier.

Abb. 2. Tomi UNGERER, *Ohne Titel*, Karikatur eines deutschen Offiziers, 1948 (?), lavierte Tinte auf Papier.

dans ces dessins le thème de la mort, récurrent dans son œuvre de maturité (fig. 1)[3]. Mais comme tout garçon de son âge, il semblerait que le jeune Tomi ait apprécié tout particulièrement ce qui entoure la guerre, les défilés, les armes, les uniformes de l'armée allemande, les batailles également, qu'il a détaillés avec précision[4].

La satire y est sensible. Elle se situe dans la lignée de Hansi, dont les images, dans les livres qui faisaient partie de la bibliothèque de son père Théodore, l'avaient impressionné. Autant le dessinateur du début du XXe siècle avait massacré de son crayon, avec verve, les occupants allemands de l'Alsace entre 1870 et 1918, autant le jeune Tomi croquait, encore avec la naïveté de l'enfance, ceux

Zeichnungen taucht das Thema des Todes auf, das in seinem späteren Werk allgegenwärtig ist (Abb. 1)[3]. Aber wie jeder Junge seines Alters scheint Tomi vor allem die Begleiterscheinungen des Krieges geschätzt zu haben, Paraden, Waffen, die Uniformen der Wehrmacht, wobei er allerdings auch die Schlachten mit großer Sorgfalt gezeichnet und beschrieben hat[4].

Die Satire ist deutlich spürbar. Sie läßt sich in der Nähe von Hansi ansiedeln, dessen Zeichnungen in den Büchern der Bibliothek seines Vaters Theodor ihn beeindruckt hatten. Genauso wie der Zeichner des ausgehenden 19. und des beginnenden 20. Jahrhunderts die deutschen Besetzer des Elsass mit Hilfe seines Stifts schwungvoll massakriert hatte, so skizzierte der junge Tomi, mit der Naivität der Kindheit, diejenigen, die 1940 in einem erneut zu erobernden Landstrich aufkreuzten. Die Beobachtungsgabe, die jeden Satiriker auszeichnet, erzeugt ziemlich bösartige Karikaturen, die oft ausgehend von Pressephotos entstehen. So erkennt man z.B. ganz eindeutig den Nazi-Diktator, der eine Rede hält: Er ist in einem selbst gestalteten Kartenspiel der Schwarze Peter[5]. Andere Karikaturen, etwa von deutschen Offizieren, aber auch von einfachen Soldaten, tauchen immer wieder in seinen Zeichnungen auf (Abb. 2)[6]. Jahre später findet sich die Erinnerung an den Krieg in einer der Zeichnungen des autobiographischen Kinderbuchs *Kein Kuss für Mutter* wieder: Im Hintergrund einer Szene, in der er eigentlich nichts zu suchen hat, ist ein Offizier der Gestapo zu erkennen.

Nach dem Krieg ging der zukünftige Künstler weiter zur Schule, wurde zum Wehrdienst nach Algerien eingezogen, kam vorzeitig zurück und fuhr mit dem Fahrrad und per Anhalter durch Europa. In diesen vom Existentialismus geprägten Nachkriegsjahren waren Tod und Krieg als Themen sehr präsent in Tomi Ungerers Zeichnungen, ähnlich wie es bei Otto Dix oder Georges Grosz nach dem Ersten Weltkrieg der Fall war. An den Zeichnungen der fünfziger Jahre mit ihren verzweifelten und makabren Themen ist dies sehr deutlich auszumachen[7].

qui arrivèrent en 1940 sur une terre à reconquérir. Le sens de l'observation, qualité essentielle à tout satiriste, ne faisait pas défaut au jeune dessinateur et lui permettait de réaliser de véritables portraits-charges, souvent d'après des photographies parues dans la presse. Ainsi on reconnaît sans difficultés le dictateur nazi, prononçant un discours, en *Schwarze Peter* (Mistigri) sur un jeu de cartes de sa fabrication[5]. D'autres caricatures, d'officiers allemands notamment, mais aussi de soldats, émaillaient ses dessins [6](fig. 2). Des années plus tard, on retrouve le souvenir de la guerre dans l'un des dessins de l'autobiographique livre pour enfants *Pas de baiser pour Maman*, où un officier de la Gestapo apparaît comme une référence au passé dans l'arrière-plan d'une scène avec laquelle il ne présente aucun rapport.

La guerre une fois terminée, le futur artiste continua ses études, commença son service militaire en Algérie qu'il n'acheva pas, et parcourut l'Europe à vélo et en stop. Dans ces années d'après-guerre, marquées par le courant de l'existentialisme, le thème de la mort et de la guerre était très présent dans les dessins de Tomi Ungerer, comme ce fut le cas chez Otto Dix ou Georg Grosz au lendemain de la Première Guerre mondiale. On le voit très nettement à ses dessins des années cinquante, aux sujets désespérés et sinistres[7].

En 1956, il décida de tenter sa chance en Amérique et s'y installa. Une fois de plus, le destin va lui faire croiser, quoique de manière cette fois indirecte, la guerre. Celle du Vietnam en effet avait éclaté. Considéré comme un dessinateur satirique qui n'hésitait pas à provoquer, il fut commandité en 1967 par un collège de professeurs et d'étudiants de l'Université de Columbia pour dessiner des affiches pour la paix. Il s'exécuta volontiers, mais effrayés par le style virulent

Fig. 3. Tomi UNGERER, *Choice not Chance*, 1967, affiche, reproduction offset.

Abb. 3. Tomi UNGERER, *Choice not Chance*, 1967, Plakat, Offset-Reproduktion.

1956 beschloss er, sein Glück in Amerika zu suchen, und ließ sich dort nieder. Und auch dort wird das Schicksal ihm, diesmal auf indirektem Wege, Begegnungen mit dem Krieg bescheren, die sich in seinen Zeichnungen niederschlagen – nun ist es der Vietnam-Krieg. Da er inzwischen als satirischer Zeichner, der vor keiner Provokation zurückschreckt, bekannt war, forderte ihn 1967 eine Gruppe von Professoren und Studenten der Columbia-Universität dazu auf, Plakate für den Frieden zu entwerfen. Er willigte sofort ein, aber der virulente Stil seiner Vorschläge verschreckte die akademischen Auftraggeber und sie lehnten sie ab. Tomi Ungerer veröffentlichte sie dennoch, und

Fig. 4. Tomi UNGERER, *Evergreen*, 1967, affiche, reproduction offset.
Abb. 4. Tomi UNGERER, *Evergreen*, 1967, Plakat, Offset-Reproduktion.

pour lequel il avait opté, les universitaires déclinèrent ses propositions. Ungerer les publiera quand même, à compte d'auteur et avec l'aide d'un ami propriétaire de magasins de posters à New York, Richard Kasak. Certaines d'entre elles sont effectivement percutantes car elles fustigent violemment la politique américaine. «Eat», par exemple, montre un Asiatique qu'on oblige à avaler une Statue de la Liberté en miniature[8]. «Choice not Chance» représente un aviateur

zwar auf eigene Kosten, mit der Hilfe seines Freundes Richard Kasak, der in New York ein Poster-Geschäft betrieb. Einige dieser Plakate sind in der Tat sehr zündend, denn die amerikanische Politik wird regelrecht gegeißelt. „Eat" etwa zeigt einen Asiaten, der gezwungen wird, eine Miniaturausgabe der Freiheitsstatue zu schlucken[8]. „Choice not Chance" stellt einen amerikanischen Kampfpiloten dar, der auf dem Rumpf seiner Maschine die Gestalten der kleinen Asiaten makaber verewigt, die er sich zur Zielscheibe genommen hatte (Abb. 3)[9]. „Give" wiederum, eine erbarmungslose Zeichnung, da keinerlei menschliche Gestalt auf ihr zu sehen ist, verdeutlicht die Illusion einer humanitären Hilfe, die gleichzeitig mit den Bomben abgeworfen wird – auch heute noch ein brennend aktuelles Thema[10].

In „Kiss for Peace" schließlich enthüllt die Freiheitsstatue ihren Hintern, und ein amerikanischer Soldat zwingt einen Vietnamesen, ihn zu lecken[11]. Neben diesen Plakaten hat Tomi Ungerer für die New Yorker Presse politische Cartoons gezeichnet, von denen einige ebenfalls den Krieg und seine Nebenwirkungen anprangern. Uncle Sam, die emblematische Figur der Karikaturisten, wird sehr häufig zum Motiv. Eine der Zeichnungen stellt seinen überdimensionalen Fuß dar, der von kleinwüchsigen Asiaten gefesselt wird, und erinnert somit an die mythische Figur des Gulliver[12]. Anderswo, in einer Illustration zu einem Artikel über den Nürnberger Prozess erschrickt er vor seinem eigenen Spiegelbild (Abb. 4)[13].

Nach den New Yorker Jahren hätte Tomi Ungerers Interesse für das Kriegsthema durchaus nachlassen können. Dies war nicht der Fall. Eine unveröffentlichte Serie für das Buch *Rigor Mortis* beweist, dass es ihn nach wie vor verfolgt. Da findet man, mit anderen Themen vermischt, den Vietnam-Krieg wieder : Auf einer der Zeichnungen kniet eine spindeldürre *Pieta* vor der Leiche ihres unter den Bomben gefallenen Sohnes[14]. In Anlehnung an eine Zeichnung von George Grosz, der 1916 einen ordenbedeckten General mit einem Totenkopf dargestellt hat[15], hat Tomi Ungerer einen General als erschreckendes

américain qui dessine sur la carlingue de son avion les silhouettes de petits Asiatiques qu'il a pris comme cibles de ses tirs[9] (fig. 3). Rendue particulièrement impitoyable par l'absence de toute figure humaine, « Give » illustre les illusions de l'aide humanitaire lâchée en même temps que les bombes, un sujet qui est resté cruellement d'actualité[10]. Enfin, dans « Kiss for Peace », la Statue de la Liberté dévoile ses fesses qu'un soldat américain fait lécher à un Asiatique[11]. Outre ces affiches, Tomi Ungerer a dessiné pour la presse new-yorkaise des *cartoons* politiques dont certains dénoncent également la guerre et ses effets collatéraux. L'Oncle Sam, figure emblématique des dessinateurs satiriques, est alors souvent utilisé comme motif iconographique. L'un de ces dessins représente son pied, gigantesque et ligoté par de petits Asiatiques, comme est d'habitude représenté le personnage mythique de Gulliver[12]. Ailleurs, il est effrayé par son propre reflet dans un miroir, dans une illustration d'un article sur le procès de Nuremberg (fig. 4)[13].

Passées les années new-yorkaises, Tomi Ungerer aurait pu se désintéresser du thème de la guerre. Ce ne fut pas le cas. Ainsi une série inédite du livre *Rigor Mortis*, prouve qu'elle continue à le hanter. On y retrouve, croisé avec d'autres thèmes, celui de la guerre du Vietnam : dans l'un des dessins, une Pietà squelettique est agenouillée devant le corps de son fils tué par les bombardements[14]. En parallèle à un dessin de Georg Grosz qui a représenté en 1916 un général couvert de décorations et à tête de mort[15], il en a dessiné un autre, sous la forme effrayante d'un squelette vêtu de son uniforme et assis dans un fauteuil roulant[16] (fig. 5). Le thème de la guerre se confond dans ces représentations avec celui de Danses macabres dans la lignée de celles de Goya et de Callot, mais dans un contexte contemporain.

Gerippe in Uniform gezeichnet, das in einem Rollstuhl sitzt (Abb. 5)[16]. In diesen Zeichnungen vermischt sich das Kriegsthema mit dem Totentanz-Thema in der Art von Goya oder Callot, jedoch in einem zeitgenössischen Kontext.

In Verbindung mit dem Krieg ist das Thema des Nationalsozialismus fester Bestandteil des Werkes von Tomi Ungerer. Er selbst war ein unmittelbarer Zeuge, insbesondere durch die Hitlerjugend, die er vorbeimarschieren sah, und die Indoktrinierung, die er in der Schule erlebt hat. Die diesbezügliche Kritik scheint immer wieder auf, in verschiedenen Formen, aber ganz überwiegend im Bereich des Satirischen. Zuweilen vermischt sich die persönliche Geschichte mit der kollek-

Fig. 5. Tomi UNGERER, *Sans titre*, encre sur papier, dessin publié dans le livre *Rigor Mortis*, Diogenes Verlag, Zurich, 1983, p.57.

Abb. 5. Tomi UNGERER, *Ohne Titel*, Tinte auf Papier, Zeichnung aus dem Band *Rigor Mortis*, Diogenes Verlag, Zürich, 1983, S. 57.

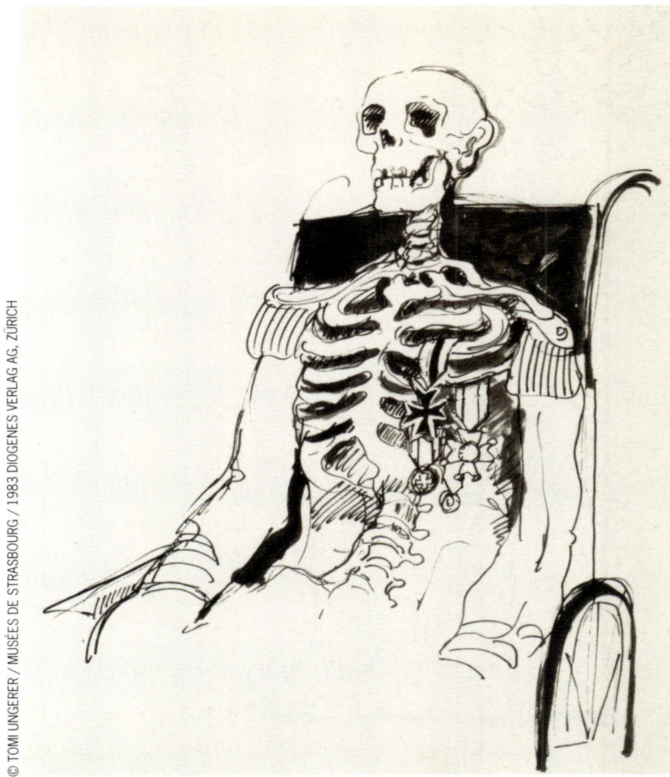

Fig. 6. Tomi UNGERER, *Sans titre*, gouache et lavis noir sur papier, dessin pour le livre Zvi Kolitz, *Jossel Rakovers Wendung zu Gott*, Diogenes Verlag, Zurich, 2004, p. 77.

Abb. 6. Tomi UNGERER, *Ohne Titel*, Deckfarbe und schwarze Lavur auf Papier, Zeichnung für das Buch von Zvi Kolitz, *Jossel Rakovers Wendung zu Gott*, Diogenes Verlag, Zürich, 2004, S. 77.

Lié à la guerre, le thème du nazisme fait partie intégrante de l'œuvre d'Ungerer. Il en a été un témoin direct, notamment au travers des jeunesses hitlériennes qu'il a vues défiler et de l'endoctrinement qu'il a subi à l'école. La critique en apparaît de manière récurrente, sous plusieurs formes, mais essentiellement dans le domaine satirique. Il mêle parfois à l'histoire personnelle l'histoire collective : ainsi dans un dessin inédit de *Rigor Mortis*, « Time Lag », un horloger – une référence à l'activité professionnelle de la famille Ungerer – travaille à un rouage qui se révèle être une croix gammée[17]. Un autre sujet, celui des camps de concentration, a été montré sans concession dans un dessin de *Babylon* intitulé « Le charme discret de la bourgeoisie »[18]. Il a été repris dans l'un des livres les plus récents qu'il ait illustrés, *Jossel Rakovers Wendung zu Gott* de Zvi Kolitz (fig. 6)[19], qui traite du ghetto de Varsovie et de son soulèvement. Certaines scènes ont été représentées avec un grand souci du détail et un réalisme presque documentaire, sur la base d'un livre de photographies dont il s'est servi[20]. C'est sur le ton de l'humour grinçant qu'il s'est également attaqué aux nouvelles formes du nazisme dans une affiche intitulée « Pig Heil », où un cochon aux insignes nazis fait le salut hitlérien[21].

Mais de manière plus surprenante, la critique du nazisme est aussi présente dans un livre pour enfants, *Otto*[22], qui raconte l'histoire d'un ours en peluche humanisé. Grâce à l'objet transitionnel que représente Otto et le style adopté – des couleurs tendres et un trait léger –, Ungerer fait passer avec une grande sobriété le message à l'attention des enfants sur des sujets aussi délicats que l'antisémitisme, la déportation, la Seconde Guerre mondiale (fig. 7).

L'expérience de la guerre a été de toute évidence marquante pour Tomi Ungerer. Son

tiven, etwa in „Time Lag", einer unveröffentlichten Zeichnung für *Rigor Mortis*: Ein Uhrmacher – und dies ist eine Anspielung auf die berufliche Aktivität der Familie Ungerer – arbeitet an einem Zahnrädchen, das sich bei näherem Hinsehen als Hakenkreuz erweist[17]. Ein weiteres Thema, die Konzentrationslager, wurde in schärfster Weise angegangen in einer Zeichnung aus *Babylon* mit der Bildunterschrift: „Le charme discret de la bourgeoisie" („Der diskrete Charme des Bürgertums")[18]. Und es wurde in einem der jüngsten Bücher, die Tomi Ungerer illustriert hat, wieder aufgegriffen, in *Jossel Rakovers Wendung zu Gott* von Zvi Kolitz (Abb. 6)[19], das vom Aufstand des Warschauer Ghettos handelt. Einige Szenen wurden mit einer besonderen Detailbesessenheit und einem nahezu dokumentarischen Realismus behandelt, wobei sich der Künstler auf einen Photoband gestützt hat[20]. Im Ton des sehr galligen Humors hat er auch den neuen Formen des Nazismus den Kampf angesagt, etwa auf dem Plakat „Pig Heil", wo ein Schwein mit Nazi-Insignien den Hitler-Gruß mimt[21].

Auf erstaunlichere Weise noch ist die Kritik des Nazismus auch im Kinderbuch *Otto*[22] vorhanden, das die Geschichte eines Mensch gewordenen Teddybären erzählt. Dank dem klassischen „Übergangsobjekt" Stoffbär und dank dem Zeichenstil – sanfte Farben und leichter Strich – schafft es Ungerer auf sehr zurückhaltende Weise, die Botschaft über so empfindliche Themen wie Antisemitismus, Deportation und Zweiter Weltkrieg den Kindern zu übermitteln (Abb. 7).

Die Erfahrung des Krieges war für Tomi Ungerer zweifelsohne eine prägende. Sein graphisches Werk trägt ganz eindeutige Spuren, sowohl durch die Themen als auch die Motive. Die Kriegserfahrung hat den Zeichner jedoch auch auf anderen Ebenen beeinflusst, auf der des Sammelns zum Beispiel. Die Spielzeugsammlung etwa, die vom Erwachsenen zusammengetragen wurde, enthält zahllose Gegenstände, die zur Armee und zum Krieg in Bezug stehen, Zinnsoldaten, kleine Kanonen und Panzer, außerdem ein beeindruckendes Diorama des Ersten Weltkriegs. Im Übrigen hat er

œuvre graphique s'en ressent en effet de manière flagrante, dans ses thèmes et ses motifs. Mais elle a exercé son influence sur le dessinateur également à d'autres niveaux, celui du collectionneur par exemple. En effet sa collection de jouets, amassée à l'âge adulte, comporte de nombreuses pièces qui se rapportent à l'armée et à la guerre, comme des canons, des petits soldats et des tanks, ainsi qu'un impressionnant diorama de la Première Guerre mondiale. En outre, il a rassemblé des archives et des objets provenant de trois guerres successives, dont une sélection est présentée dans l'exposition «Histoire de se souvenir. La Collection de Tomi Ungerer (1914-1918/1939-1945)». Enfin, le traumatisme que fut la Seconde Guerre mondiale a provoqué, et c'en est sans doute la conséquence la plus importante, l'engagement de Tomi Ungerer contre toutes les formes de fascisme quelles qu'elles soient, celles qu'il a nommées à juste titre ses «bêtes noires».

Thérèse Willer

Conservatrice du Patrimoine,
Musée Tomi Ungerer –
Centre international de l'Illustration, Strasbourg

Toutes les œuvres citées font partie du Musée Tomi Ungerer – Centre international de l'Illustration, Strasbourg.
1. Madame Alice Ungerer, la mère de Tomi, les garda précieusement. Ils font aujourd'hui partie des collections du Musée Tomi Ungerer à Strasbourg.
2. Collection Tomi Ungerer n°99.991.21.530.
3. Collection Tomi Ungerer n°99.991.21.492.
4. Cf. par exemple Collection Tomi Ungerer n°99.991.21.503.
5. Collection Tomi Ungerer n° 99.991.21.508.
6. Collection Tomi Ungerer n° 99.991.21.484.
7. Ces dessins sont peu connus. Certains ont été publiés dans le livre de Lucien Baumann, *Au rendez-vous de Samarcande*, Oberlin, Strasbourg, 1995.
8. Collection Tomi Ungerer n°77.979.17.2449.
9. Collection Tomi Ungerer n°77.979.17.2437.
10. Collection Tomi Ungerer n°77.979.17.2448.
11. Collection Tomi Ungerer n°77.979.17.2428.
12. Collection Tomi Ungerer n°99.991.16.26.
13. Collection Tomi Ungerer n°77.979.17.2412.
14. Collection Tomi Ungerer n°99.991.15.38.
15. «Der General», reproduit dans le Catalogue de l'exposition *Georg Grosz*, Kunstsammlung Nordrhein-Westfalen, Düsseldorf, 1995, p. 125.
16. Collection Tomi Ungerer n°99.991.15.45. Il est cependant peu probable que Tomi Ungerer se soit inspiré du dessinateur allemand des années vingt car il ne l'a connu que bien plus tard.
17. Collection Tomi Ungerer n°99.991.15.26.
18. Diogenes Verlag, Zurich, 1979, n°32.
19. Diogenes Verlag, Zurich, 2004.
20. *Erwin Leiser's Film «Mein Kampf». Eine Bild-dokumentation der Jahre 1914-1945*, Zweitausendeins, Francfort, 1979.
21. Collection Tomi Ungerer n° D99.994.1.17.
22. Diogenes Verlag, Zurich, 1999.

Archivbestände und Objekte zusammengetragen, die aus drei aufeinander folgenden Kriegen stammen; ein Teil davon wird hier in der Ausstellung „Sammeln gegen das Vergessen: aus dem Fundus von Tomi Ungerer (1914-1918 / 1939-1945)“ vorgestellt. Und schließlich hat das Trauma des Zweiten Weltkriegs – und dies ist vermutlich die wichtigste Konsequenz – Tomi Ungerers Engagement gegen jegliche Form des Faschismus zur Folge, gegen jene Erscheinungen, die er seine „bêtes noires“ genannt hat, das heißt, denen er mit Recht seinen ganz persönlichen intensiven Abscheu widmet.

Thérèse Willer

Conservatrice du Patrimoine, Musée Tomi Ungerer –
Centre international de l'Illustration, Strasbourg.

Alle zitierten Werke sind Bestandteil des Museums Tomi Ungerer – Centre international de l'Illustration in Straßburg.
1. Frau Alice Ungerer, Tomis Mutter, bewahrte sie sehr sorgfältig. Sie sind heute Bestandteil der Sammlungen des Tomi-Ungerer-Museums in Straßburg.
2. Sammlung Tomi Ungerer Nr. 99.991.21.530.
3. Sammlung Tomi Ungerer Nr. 99.991.21.492.
4. Vgl. zB. Sammlung Tomi Ungerer Nr. 99.991.21.503.
5. Sammlung Tomi Ungerer Nr. 99.991.21.508.
6. Sammlung Tomi Ungerer Nr. 99.991.21.484.
7. Diese Zeichnungen sind nicht sehr bekannt. Einige darunter / von ihnen wurden 1995 in Lucien Baumanns Buch *Au rendez-vous de Samarcande* (Oberlin, Straßburg) veröffentlicht.
8. Sammlung Tomi Ungerer Nr. 77.979.17.2449.
9. Sammlung Tomi Ungerer Nr. 77.979.17.2437.
10. Sammlung Tomi Ungerer Nr. 77.979.17.2448.
11. SammlungTomi Ungerer Nr. 77.979.17.2428.
12. Sammlung Tomi Ungerer Nr. 99.991.16.26.
13. Sammlung Tomi Ungerer Nr. 77.979.17.2412.
14. Sammlung Tomi Ungerer Nr. 99.991.15.38.
15. „Der General“, Katalog der Ausstellung *George Grosz*, Kunstsammlung Nordrhein-Westfalen, Düsseldorf, 1995, S. 125.
16. Sammlung Tomi Ungerer Nr. 99.991.15.45. Es ist jedoch nicht anzunehmen, dass sich Tomi Ungerer der Vorlage bedient hat, denn er hat das Werk von George Gross erst Jahre später kennen gelernt.
17. Sammlung Tomi Ungerer Nr. 99.991.15.26.
18. Diogenes Verlag, Zürich, 1979, Nr. 32.
19. Diogenes Verlag, Zürich, 2004.
20. *Erwin Leiser's Film «Mein Kampf». Eine Bild-Dokumentation der Jahre 1914-1945*, Zweitausendeins, Frankfurt am Main, 1979.
21. Sammlung Tomi Ungerer Nr. D99.994.1.17.
22. Diogenes Verlag, Zürich, 1999.

Fig. 7. Tomi UNGERER, *Sans titre*, lavis d'encres de couleurs et crayon sur papier, dessin pour *Otto*, Diogenes Verlag, Zurich, 1999, p. 12.

Abb. 7. Tomi UNGERER, *Ohne Titel*, Farbtinten, laviert, und Bleistift auf Papier, Zeichnung für das Kinderbuch *Otto*, Diogenes Verlag, Zürich, 1999, S. 12.

BÉNÉDICTE MATHEY

Collectionner pour ne pas oublier

Raconter le fonds d'archive déposé par Tomi Ungerer au Conseil Général du Bas-Rhin, revient un peu à le raconter lui, en tant qu'artiste certes, collectionneur aussi, mais surtout homme, acteur-témoin de l'histoire tourmentée de l'Alsace.

Ce fonds patiemment collecté depuis plus de soixante ans (certaines pièces conservées sont ses manuels scolaires de cours préparatoire et des dessins de l'âge de ses douze ans), concerne plus de 2 500 pièces sur la guerre : ouvrages, affiches, documents papiers divers, insignes, objets... Il met en lumière ce qui est cher à Tomi Ungerer : la mémoire de ceux qui, comme lui, ont été endoctrinés dès leur plus jeune âge. « Je ressens cela comme un fardeau, ça me fait mal et ça pèse sur mes épaules, c'est comme un cancer qui prolifère » dit-il à propos de l'embrigadement nazi.

Cette « maladie » avec laquelle il vit, il est l'un des rares à en parler, au risque de choquer, de frapper les

Ce projet d'affiche intitulé *What now ?*, que l'on pourrait traduire par « Et maintenant quoi ? », réalisé en 1967, témoigne de l'engagement politique de Tomi Ungerer contre la guerre du Vietnam. Musée Tomi Ungerer – Centre international de l'Illustration, Strasbourg.

Dieser Plakatentwurf mit dem Titel *What now ?*, was man mit „Und was nun ?" übersetzen könnte, stammt von 1967. Er zeugt vom politischen Engagement Tomi Ungerers gegen den Vietnam-Krieg. Museum Tomi Ungerer – Centre international de l'Illustration, Straßburg.

Sammeln wider das Vergessen

Die von Tomi Ungerer dem Conseil Général du Bas-Rhin zur Verfügung gestellten Archivbestände zu erzählen läuft im Grunde darauf hinaus, ihn zu erzählen : Tomi Ungerer als Künstler, gewiss, als Sammler auch, vor allem aber als Mensch, als Akteur und Zeuge der bewegten Geschichte des Elsass.

Diese Sammlung, die seit über sechzig Jahren geduldig zusammengetragen wurde (einige Objekte sind Schulbücher des Erstklässlers und Zeichnungen des Zwölfjährigen), besteht aus mehr als 2 500 Objekten über den Krieg : aus Büchern, Plakaten, verschiedenen Dokumenten, Abzeichen und sonstigen Gegenständen... Sie rückt ins Blickfeld, was Tomi Ungerer so viel bedeutet : die Erinnerung all jener, die wie er schon als Kinder indoktriniert wurden. „Ich spüre das wie ein Gewicht, es tut mir weh und es lastet auf meinen Schultern ; es ist wie ein Krebsgeschwür, das wuchert", so spricht er über die Vereinnahmung durch die Nazibewegung.

Er ist einer der ganz wenigen, die über diese „Krankheit", mit der sie leben, sprechen, auf die Gefahr hin zu schockieren, die Gemüter aufzuwühlen. „Ich mag es, wenn es knallt !" gestand er mir vor einigen

Couverture de Tomi UNGERER, *Nicht Wahr ?*, Paragraphic Books, Grossman Publishers, New York, 1966. Collection Jean Willer.

Einband von Tomi UNGERERs *Nicht Wahr ?*, Paragraphic Books, Grossman Publishers, New York, 1966. Sammlung Jean Willer.

esprits. « J'aime quand ça claque ! » me confiait-il il y a quelques mois à propos du graphisme publicitaire ; réflexion proche du fameux slogan dont il est l'auteur « Expect the unexpected » (Attendez-vous à l'inattendu). Chez lui, les limites sont souvent franchies lorsqu'il doit, coûte que coûte, faire passer une opinion ou carrément prendre position sur un sujet grave. Quand, grâce à la ruse, la mystification et l'astuce, il arrive à gagner la bataille du fou rire, comme il le dit malicieusement dans son ouvrage autobiographique *À la guerre comme à*

Monaten und sprach von Werbegraphik; ein Gedanke, der nicht weit entfernt ist von jenem berühmten Slogan, den er in die Welt gesetzt hat: „Expect the unexpected!" („Erwarte das Unerwartete!") Bei ihm werden die Grenzen oft überschritten, wenn er, koste es was es wolle, eine Meinung „rüberbringen" oder schlichtweg Stellung beziehen will zu einem ernsten Thema. Wenn er jedoch mit List, pfiffiger Täuschung und Raffinesse die Schlacht schallenden Gelächters gewonnen hat, wie er das in seinem autobiographischen Buch *Die Gedanken sind frei. Meine Kindheit im Elsaß* (Diogenes Verlag, Zürich, 1999 ; Originalausgabe : *À la guerre comme à la guerre. Dessins et souvenirs d'enfance,* La Nuée Bleue, Straßburg, 1991) schelmisch nennt, dann erinnert er ein wenig an die Figuren von Samuel Beckett, die, von soviel Geschwätz erschöpft, letzten Endes immer allein, den existentiellen Ängsten ausgeliefert, zurückbleiben.

Porträt des Künstlers als Rebell

Auch wenn man ihn inzwischen im Lexikon findet, der Name Tomi Ungerer war nicht immer so ruhmreich verzeichnet; wir dürfen in der Tat nicht vergessen, dass er lange Zeit auf der schwarzen Liste des FBI stand, und dies noch geraume Zeit nachdem er New York verlassen und nach Kanada, später Irland umgesiedelt war. Der amerikanische Argwohn war nicht ungerechtfertigt: Tomi war immerhin der Urheber, neben vielen anderen Zeichnungen, der härtesten, schneidendsten Plakate gegen den Vietnam-Krieg und die Rassendiskriminierung *(What now ?; Black Power / White Power).* Im Übrigen hatte er das Risiko ganz und gar selbst übernommen und sie mit seinem Freund Richard Kasak auf eigene Kosten drucken lassen.

Noch gewagter: *Nicht wahr ?,* ein heute seltenes Buch – der Bestand ist spurlos verschwunden, nachdem der Verlag Paragraphic Books, den er in den sechziger Jahren gegründet hatte, Konkurs anmelden musste – war wie ein deutsches Propaganda-Pamphlet aus dem Zweiten Weltkrieg angelegt; darin nutzte er die unglaubliche

la guerre. Dessins et souvenirs d'enfance (La Nuée Bleue, Strasbourg, 1991), il semble toutefois rester un peu comme ces héros beckettiens, vidés de tant de bavardages, finalement toujours seuls, abandonnés à leurs angoisses existentielles.

Portrait de l'artiste en insurgé

Si vous le trouvez désormais dans le dictionnaire, le nom de Tomi Ungerer n'a pas toujours été inscrit dans aussi glorieux registre ; rappelons en effet qu'il a longtemps été sur la liste noire du FBI, et ce, bien après son départ de New York pour le Canada puis l'Irlande. La suspicion américaine se justifiait : Tomi était tout de même l'auteur, entre autres dessins, des affiches les plus dures et les plus cinglantes qui soient sur la guerre du Vietnam et la ségrégation raciale (*What now ?*; *Black Power / White Power*). Par ailleurs, assumant entièrement les risques, il les avait éditées à compte d'auteur avec son ami Richard Kasak.

Plus osé encore, *Nicht Wahr ?*, ce livre rare aujourd'hui – les stocks ont disparu après la liquidation judiciaire de la maison d'édition Paragraphic Books qu'il avait créée dans les années 60 –, il l'a conçu comme un pamphlet des ouvrages de propagande allemande de la Seconde Guerre mondiale, dénonçant, par la correspondance invraisemblable de photos et de textes de Malaparte, la barbarie nazie.

Et puis il y a eu l'épisode du congrès américain de bibliothécaires dans les années 70 lors duquel il s'est exprimé sur le fait qu'il était aussi bien auteur pour la jeunesse que dessinateur d'œuvres érotiques, rappelant que « si les gens ne baisaient pas, il n'y aurait pas d'enfants et [ils seraient] sans travail ». On imagine la réaction de ces centaines de professionnels du livre pour enfants, dans une Amérique de tradition puri-

Black Power / White Power est sans doute l'une des affiches les plus célèbres de Tomi Ungerer dessinée en 1967 contre la ségrégation raciale. Musée Tomi Ungerer – Centre international de l'Illustration, Strasbourg.

Black Power/White Power ist eines der berühmtesten Plakate von Tomi Ungerer. Es enstand 1967 gegen die Rassendiskriminierung. Museum Tomi Ungerer – Centre international de l'Illustration, Straßburg.

Kriegstagebuch, journal de bord de guerre d'écolier, rédigé à l'école primaire d'Illkirch durant l'année 1944, don de son auteure à Tomi Ungerer dans les années 90.

Kriegstagebuch einer Schülerin der Volksschule Illkirch, verfasst 1944 ; Geschenk der Verfasserin an Tomi Ungerer in den neunziger Jahren.

taine… Difficile d'y trouver désormais un de ses *Mellops* ou de ses *Trois brigands* dans un rayonnage alors qu'en Europe, nombreuses sont non seulement les bibliothèques mais les écoles aussi qui l'invitent et à qui il va même jusqu'à donner son nom !

Pour autant, de l'autre côté de l'Atlantique, les choses ne sont pas plus simples. Son sens de l'absurde et de la critique reste parfois incompris tant il est contestataire. Comme par exemple devant ces journalistes allemands qui, peu avant la chute du Mur, l'interviewent sur sa

Entsprechung zwischen Photos einerseits und Texten von Malaparte andererseits, um die nationalsozialistische Barbarei anzuprangern.

Und dann gab es auch, in den siebziger Jahren, die Episode des amerikanischen Bibliothekarskongresses : Dort hatte er bekräftigt, dass er ebenso Kinder- und Jugendbuchautor sei wie Zeichner erotischer Werke, wobei er betonte, „dass es keine Kinder gäbe und die Bibliothekare, alle arbeitslos wären, wenn die Leute nicht vögeln würden." Man kann sich die Reaktion der zahlreichen Fachleute für Jugendliteratur im traditionell puritanischen Amerika unschwer vorstellen… Die Folge war, dass man dort kaum je ein Exemplar seiner *Mellops* oder seiner *Drei Räuber* im Regal einer Buchhandlung finden konnte, während in Europa nicht nur zahlreiche Bibliotheken, sondern auch Schulen ihn einladen, deren Namensgeber er sogar manchmal ist.

Dennoch sind die Dinge auch diesseits des Atlantiks nicht immer einfach. Seine Neigung zum Absurden und zur Kritik bleibt häufig unverstanden, so aufsässig ist er. Wie zum Beispiel jenen deutschen Journalisten gegenüber, die ihn kurz vor dem Mauerfall über seine Fähigkeit, ewig aktiv und aktuell zu bleiben, befragen und denen er mit der Goebbels-Devise antwortet : „Kraft durch Freude !" – die doch letzten Endes von Beethovens Wahlspruch nicht allzu weit entfernt ist : „Durch Leiden Freude !"

Und was war mit seiner virulenten Kritik an der Robotisierung des Körpers und der Frau als Lustobjekt ? Als er 1985 in London seine Barbie-Puppen ausstellte, kam es zu einer heftigen Reaktion von Seiten einer feministischen Organisation : Die kleinen Plastik-Figuren wurden systematisch und maschinell in Klopapier gewickelt, was im Grunde der Absicht des Künstlers durchaus entsprach…

Anekdoten gäbe es viele zu erzählen. Tomi Ungerer ist kein berechenbarer Künstler ; polternd und mit brutalen Strichen nimmt er die Themen ins Visier, die ihn stören, so wie andere es verstehen, sich lautstark in Schweigen zu hüllen… „Ich bin ein Provokateur, man muss die Leute wachrütteln", sagt er.

capacité à toujours rebondir, et à qui il donne pour toute réponse la devise de Goebbels : « Kraft durch Freude » (La force par la joie) – mais qui somme toute, n'est pas loin de celle de Beethoven : « Durch Leiden Freude » (La joie par la souffrance) !

Et sa dénonce de la robotisation du corps et de la femme objet ? Furieux de la présentation de certaines de ses sculptures de Poupées Barbie, lors d'une exposition à Londres en 1985, un mouvement féministe s'est lancé dans l'emballage automatique et mécanique au papier toilette de ces petits mannequins de plastique, réalisant finalement là une sorte d'opération proche de celle voulue par l'auteur...

Des anecdotes, il y en aurait beaucoup. Tomi Ungerer n'est pas un artiste prévisible, à coups de gueule et à coups de crayon, il pointe les sujets comme certains s'enferment dans le silence : bruyamment. « Je suis provocateur, il faut réveiller les gens », dit-il.

Malgré ses prises de position, on l'honore de nombreux titres et de distinctions qui font de lui un homme respectable : Commandeur de l'Ordre des Arts et des Lettres en France, Docteur *honoris causa* à l'Université de Karlsruhe, Lauréat du Prix Européen de la Culture, Lauréat du Prix Hans Christian Andersen décerné par l'International Board on Books for Young People – le « Nobel » de la littérature pour enfants –... Aucune récompense ne semble jamais ni le troubler ni l'apprivoiser. Insatiable, il poursuit son métier d'artiste engagé.

Il observe la société et ses travers, les difficultés de vivre ensemble avec les différences de chacun. Il aime d'ailleurs répéter un slogan : « tous différents, tous égaux ». Voilà ce qu'il souhaiterait donner à sa mission d'Ambassadeur

Couleur, mise en page, découpe, contre-plongée, graphisme... Si c'est « Une bénédiction et un honneur d'être Allemand », cette affiche reste surtout une réussite en matière de propagande nazie ; comment ne pas songer à la pensée d'Hannah Arendt évoquant le rituel nazi au cœur duquel la « bannière du sang » est centrale ? Le slogan de cette affiche est tiré du discours du *Gauleiter* Bürkel à Metz le 21 septembre 1940.

Farbgebung, Layout, Bildausschnitt, Froschperspektive, graphische Gestaltung... Mag es aus Nazi-Sicht „Gnade und Ehre (bedeuten), Deutscher zu sein", dieses Plakat bleibt vor allem ein eindrucksvolles Musterstück der Nazi-Propaganda ; unwillkürlich denkt man an Hannah Arendt, wie sie die Nazi-Rituale beschreibt und darin die zentrale Rolle des „Blutbanners". Der Slogan dieses Plakats stammt aus einer von Gauleiter Bürkel am 21. September 1940 in Metz gehaltenen Rede.

Un peu comme un élément déclencheur, une sorte d'ordre de mobilisation à collectionner, cette affiche de la mobilisation générale de l'armée française en 1914 reste pour Tomi Ungerer l'une des pièces maîtresses de sa collection.

Dieses Plakat mit dem Aufruf zur allgemeinen Mobilmachung der französischen Armee aus dem Jahre 1914 mag als ein Auslöser, als eine Art „Aufruf zu systematischer Sammeltätigkeit" gewirkt haben. Jedenfalls stellt es für Tomi Ungerer eines der Hauptstücke seiner ganzen Sammlung dar.

pour l'enfance et l'éducation auprès du Conseil de l'Europe ; il faut avant tout enseigner le respect aux enfants, et ce, dès leur plus jeune âge, martèle-t-il. Ses livres *Otto*, l'histoire d'un ours en peluche témoin de la guerre et de la déportation, *Flix*, le chien mal né dans une famille de chats, *Le nuage bleu* qui décide de se laisser pleuvoir pour arrêter la guerre civile, et puis surtout *À la guerre comme à la guerre*, témoignent de cette intention. Cette responsabi-

Trotz seiner unbequemen Stellungnahmen wird er mit zahlreichen Titeln und Orden bedacht, die ihn zum ehrbaren Menschen stempeln : Er ist „Commandeur de l'Ordre des Arts et des Lettres en France", Doktor *honoris causa* der Universität Karlsruhe, ihm wurde der „Prix Européen de la Culture" verliehen, ebenso der Hans-Christian-Andersen-Preis, der vom International Board on Books for Young People vergeben wird und so etwas ist wie ein Nobel-Preis für Kinder- und Jugendliteratur... Keine dieser Ehrungen scheint ihn je zu verwirren oder gar ihn zu zähmen. Unersättlich geht er seinen Weg als engagierter Künstler weiter. Er beobachtet die Gesellschaft, ihre Macken und Marotten, deutet mit dem Finger auf die Schwierigkeit in Gemeinschaft zu leben, wo wir doch alle so verschieden sind. Ein Spruch ist ihm übrigens besonders lieb : „Alle verschieden, alle gleich !" Das ist es, was er unter seinem Auftrag als Botschafter für die Kindheit und die Erziehung beim Europarat versteht. Den Kindern muss man vor allem Achtung, ja Ehrfurcht beibringen, und dies schon ganz früh, wiederholt er pausenlos. Seine Bücher, *Otto,* die Geschichte eines Teddybären, der Zeuge des Kriegs und der Deportation wird, *Flix,* die Geschichte eines Hundes, der fehl am Platz ist in einer Familie von Katzen, *Die blaue Wolke,* die zu regnen beschließt, um einen Bürgerkrieg aufzuhalten, und vor allem *Die Gedanken sind frei* zeugen von dieser Absicht. An dieser Verantwortung liegt ihm sehr und er würde ihr gerne mehr Zeit widmen ; da aber die Zeiger der großen Uhr sich unaufhörlich weiter drehen, sammelt er einstweilen die Ärgernisse.

Porträt des Künstlers als Sammler

„Meine Mutter hat nie etwas weggeworfen. Und so habe ich meine Kinderzeichnungen, meine Tagebücher, meine Briefe, meine Schulhefte wiedergefunden", schreibt er in *Die Gedanken sind frei.* Die Entdeckung dieser Sammelobjekte hat ihm geholfen, dieses autobiographische Buch einfach und schnell – fast selbstverständlich – zu schreiben. „Ich hab das in drei Tagen geschrieben, in einem Zug, die Arbeit ging schnell voran. (...) Für das Buch

lité qui lui tient à cœur, il aimerait lui consacrer plus de temps mais avec les aiguilles de l'horloge qui ne s'arrêtent pas de tourner, il collectionne les tracas.

Portrait de l'artiste en collectionneur

« Ma mère ne jetait rien. C'est ainsi que j'ai retrouvé intacts mes dessins d'enfants, mes journaux, lettres, cahiers d'écoliers, bulletins... » écrit-il dans *À la guerre comme à la guerre*.

La découverte de cette collecte l'a aidé à rédiger très simplement – de façon naturelle – et rapidement aussi cet ouvrage autobiographique. « J'ai écrit ça en trois jours, en travaillant vite, d'une traite. (...) J'ai repris tout le matériel collectionné dans mon enfance, toutes mes coupures de journaux pour le livre. J'ai été collectionneur toute ma vie », explique-t-il à Celia Lowenstein dans son film *Tomi Ungerer. La sombre séduction du fascisme* (Pandora's Box Productions / Planete for Channel 4, 1996). Récemment, il me disait en insistant que le collectionnisme était d'ordre familial, que son père était comme ça. Et que c'est quelque chose qu'il a conservé ; une forme d'héritage quoi.

Une fois son livre *À la guerre comme à la guerre* sorti, des amis, des libraires et des inconnus aussi lui ont apporté des documents, des ouvrages et des objets sur la guerre. Une dame lui a même remis son propre « Kriegstagebuch », son journal de bord d'écolière, document précieux s'il en est ; Tomi regrettait tellement d'avoir perdu le sien propre.

D'une certaine façon, tous ces divers dons ont alimenté ce fonds documentaire composé au départ uniquement de souvenirs d'enfance, pour devenir plus prosaïquement ensuite, du matériel iconographique pour son ouvrage *À la Guerre comme à la guerre*. Le statut de ces

Slogan pangermanique inscrit sur un petit carton plié, placé généralement sur les tables des restaurants, incitant les « Alsaciens à parler l'allemand, [leur] langue maternelle ! ».

Alldeutscher Propaganda-Slogan auf einem kleinen Tischkärtchen, wie sie auf die Tische der Restaurants gestellt werden, mit der Mahnung an die Elsässer, Deutsch zu sprechen, also ihre „Muttersprache".

Pancarte tragicomique qui laisse entrevoir toute l'absurdité des représailles après 1918.

„Der Besitzer dieses Hauses ist Franzose." Tragikomisches Pappschild, das die ganze Absurdität der nach 1918 ergriffenen Repressalien erahnen lässt.

Rêve en rose d'un petit garçon encourageant son papa sur le champ de bataille... Carte postale de propagande éditée entre 1914 et 1918.

Rosiger Traum eines kleinen Jungen, der seinem Papa auf dem Schlachtfeld Mut zuspricht... Propaganda-Postkarte aus der Zeit des Ersten Weltkriegs.

archives a d'autant plus évolué que, parallèlement, Tomi s'est pris au jeu du collectionneur et a rendu ce fonds « autonome » : aux souvenirs d'enfance et aux dons entremêlés, une « vraie » collection est née.

En conséquence, Tomi s'est mis à rechercher les pièces rares, des séries, des thématiques, etc. L'affiche de l'Ordre de mobilisation générale de 1914 reste par exemple une pièce maîtresse, voire décisive, dans sa démarche de collectionneur « déclaré ». C'est aussi le cas de cette pancarte imprimée officiellement après la Première Guerre mondiale « Le Propriétaire de

habe ich das ganze in meiner Kindheit gesammelte Material, wieder aufgenommen, alle meine Zeitungsausschnitte. Ich war mein ganzes Leben lang ein Sammler", erklärte er Celia Lowenstein im Film *Tomi Ungerer. La sombre séduction du fascisme* (Die finstere Faszination des Faschismus, Pandora's Box Productions / Planete for Channel 4, 1996). Unlängst erklärte er mir nachdrücklich, die Sammelwut sei ein Familienmerkmal, sein Vater sei schon so gewesen. Er habe es übernommen. Eine Art Erbe, könnte man sagen.

Als sein Buch *Die Gedanken sind frei* erschienen war, haben ihm Freunde, Buchhändler und auch Unbekannte Dokumente, Bücher und Gegenstände zum Thema Krieg gebracht. Jemand hat ihm sogar das eigene „Kriegstagebuch" ausgehändigt, die Autorin hatte es als Schülerin geführt, eine Kostbarkeit. Tomi bedauerte sehr, sein eigenes verloren zu haben.

In gewisser Weise haben all diese verschiedenen Leihgaben bzw. Geschenke die Dokumentation erweitert, die ursprünglich nur aus Kindheitserinnerungen bestand und später ganz prosaisch Bildmaterial zu seinem Buch *Die Gedanken sind frei* wurde. Der Status dieses Archivs hat sich also weiterentwickelt, zumal Tomi gleichzeitig auch auf diesem Gebiet von seiner Sammelleidenschaft eingeholt wurde. Der Fundus wurde gewissermaßen „selbständig" : Ausgehend von den Kindheitserinnerungen und den verschiedenen zugestifteten Materialien ist eine „echte" Sammlung entstanden.

Folglich begann Tomi nach seltenen Objekten zu fahnden, nach Serien, nach besonderen Themen usw. Das Plakat zur Allgemeinen Mobilmachung von 1914 z.B. wurde zu einem Meilenstein in seiner Vorgehensweise als Sammler. Dies gilt auch für jenes ganz offiziell nach dem Ersten Weltkrieg gedruckte Schild : „Le Propriétaire de cette Maison est FRANÇAIS" („Der Besitzer diese Hauses ist Franzose"). Wären die daraus entstandenen Verwechslungen nicht so tragisch und unerträglich gewesen, könnte man ganz einfach darüber lachen. Genauso wie das kleine Pappschild, auf dem zu lesen steht : „Elsässer sprecht Eure deutsche

© PERRY KRETZ

Portrait de Tomi Ungerer en uniforme et avec sa collection de petits soldats par le photoreporter Perry Kretz, Canada, juin 1973. Musée Tomi Ungerer – Centre international de l'Illustration, Strasbourg.

Porträtaufnahme Tomi Ungerers in Uniform mit seiner Sammlung kleiner Soldaten, photographiert von dem Photoreporter Perry Kretz, Kanada, Juni 1973. Museum Tomi Ungerer – Centre international de l'Illustration, Straßburg.

cette Maison est FRANÇAIS » ; document qui pourrait prêter à sourire si l'on ne supposait pas combien les quiproquos ont pu être inadmissibles et tragiques à la fois. Cet objet, tout comme le petit bout de carton, « Elsässer sprecht Eure deutsche Muttersprache ! » (Alsaciens, parlez votre langue maternelle allemande !), qui d'une certaine manière pose le contraire de cette pancarte plus de vingt ans après, lui donnent l'occasion d'évoquer des souvenirs familiaux douloureux : un grand-oncle pasteur alsacien qui avait épousé une Allemande et avec qui il avait dû s'exiler avec leurs enfants, leurs valises à la main pour unique bien...

Cette « exigence de complétude de collection », selon une expression connue des sociologues, prend tout son sens à l'analyse du fonds de Tomi Ungerer. Tomi a fini par endosser la panoplie du collectionneur, « posséder les

Muttersprache !" und das zwanzig Jahre später in gewisser Weise das Gegenteil fordert, gibt es Tomi die Gelegenheit, schmerzhafte Familienerinnerungen wachzurufen : Erinnerungen an den Großonkel, einen elsässischen Pastor, der eine Deutsche geheiratet hatte und mit ihr und den Kindern jäh auswandern musste, jeder mit einem schlichten Koffer in der Hand als Gepäck...

Dies Bedürfnis nach Vollständigkeit, das bei Sammlern entsteht und das Soziologen auf den Begriff „Vollständigkeitswahn" gebracht haben, wird ganz deutlich, wenn man den Bestand der Ungerer-Sammlung betrachtet. Tomi hat sich schließlich die Sammler-Uniform übergestülpt – der Sammler braucht „Beine wie ein Hirsch, Zeit wie ein Flaneur, Geduld wie ein Jude". Anders aber als Balzacs Vetter Pons hat das Sammeln – und das ist sonderbar – Tomi ein wenig freier gemacht.

Von seinen bekannten Sammlungen – den tausenden Spielzeugen und Büchern etwa – bleibt ihm so gut wie nichts mehr. Er hat sie der Öffentlichkeit

jambes du cerf, le temps des flâneurs et la patience de l'Israélite». À la différence toutefois du portrait du cousin Pons de Balzac, et singulièrement aussi, collectionner a rendu un peu plus libre Tomi.

De ses collections connues, entre autres les milliers de jouets et de livres, il ne lui reste en effet quasiment rien. Il en a fait don à la collectivité. «Je suis un socialiste pratiquant. Je collectionne et puis je donne.» D'ailleurs il semblerait que son intérêt pour n'importe quel sujet passe nécessairement par l'accumulation puis le don. «Dès qu'on s'intéresse à quelque chose, on commence à collectionner. Si tu t'intéresses à la botanique, il y a des herbiers. (...) Si on a une bonne collection, il faut qu'elle aille à la société. S'il n'y avait pas de collectionneurs, il n'y aurait pas de musée» disait-il lors d'une récente interview.

Collectionneur malgré lui Tomi? «Je ne collectionne que tant que c'est vivant, et que j'en ai besoin. Et après ça je donne pour que ça puisse continuer à vivre» m'expliquait-il ce printemps dernier. Combien de jouets ont-ils en effet été source d'inspiration pour ses livres pour enfants?

Pour autant l'inspiration n'est pas la seule raison de son collectionnisme, pas plus que l'héritage paternel...

Les médecins spécialistes observent que collectionner relève d'un processus psychologique particulier; consciemment et inconsciemment, la collection se construit autour d'un objet transitionnel qui permet de soulager ou de pallier certaines peurs, notamment celles de la solitude et de l'abandon. Pour reprendre les propres mots du psychanalyste et critique d'art Jean-Michel Ribettes, «collectionner représente l'acte magique par lequel l'homme se trouve à sublimer la cause de son désir pour répondre à

geschenkt. „Ich bin ein praktizierender Sozialist. Ich sammle und dann verschenke ich." Und es scheint, dass sein Interesse für jegliches Thema zwangsläufig mit Ansammeln und Verschenken verbunden ist. „Sobald man sich für etwas interessiert, fängt man an zu sammeln. Wenn du dich für Botanik interessierst, legst du Herbarien an. (...) Und wenn man eine gute Sammlung beisammen hat, muss sie an die Gesellschaft übergehen. Wenn es keine Sammler gäbe, dann gäbe es auch keine Museen", erklärte er unlängst in einem Interview.

Ein Sammler wider Willen, Tomi? „Ich sammle nur, solange es lebendig ist, und solange ich es brauche. Und danach schenk' ich es her, damit es weiterlebt", erklärte er mir im vergangenen Frühjahr. Wie viele von seinen Spielsachen waren wohl Inspirationsquelle für seine Kinderbücher? Und dennoch: Die Suche nach Inspiration ist nicht der einzige Grund für seine Sammelwut, genauso wenig wie das väterliche Erbe...

Fachärzte erklären, dass Sammeln mit einem ganz besonderen psychologischen Prozess zu tun habe. Bewusst und unbewusst entsteht die Sammlung um ein Übergangsobjekt (im Sinne der Winnicottschen Psychoanalyse) herum, mit dessen Hilfe gewisse Ängste, insbesondere die Angst vor der Einsamkeit oder die Angst vor dem Verlassenwerden, gemildert werden. „Sammeln ist der magische Akt, durch den der Mensch die Ursache seines Begehrens sublimiert, um auf das Rätsel seines Wesens mit dem Versprechen einer Zukunft zu antworten", so der Psychoanalytiker und Kunstkritiker Jean-Michel Ribettes. Will das heißen, dass Tomi versucht, seine Vergangenheit zu festigen, um die Lücken zu füllen, die sein Gedächtnis nun einmal hinterlassen hat? Oder, anders gesagt, stünde nicht eher die Hoffnung dahinter, das Fundament seines imaginären historischen Museums anzulegen bzw. auszubauen?

Hat er nicht Celia Lowenstein gestanden, wenn auch im hörbaren Ton des leichten Zweifels, dass „die Elsässer Sammler sind, manische Sammler. Und das kommt von einem Gefühl der Unsicherheit"?

Mit der Übergabe der Sammlung zum Krieg im Elsass an den Conseil Général du Bas-Rhin scheint Tomi eine Schuld begleichen zu wollen, von der

l'énigme de son être dans la promesse d'un futur». Est-ce à dire que Tomi chercherait à consolider son passé pour combler les trous qu'a laissés sa mémoire ? Ou pour dire les choses autrement, ne serait-ce pas plutôt dans un espoir de construire, voire solidifier, les soubassements de son musée historique imaginaire ?

Ne révèle-t-il pas à Celia Lowenstein, dans un souffle un peu incertain quand même, que «les Alsaciens sont des collectionneurs, des maniaques de la collection. [Que] ça vient d'un sentiment d'insécurité» ?

Avec le dépôt de ce fonds sur la guerre en Alsace qu'il fait au Conseil Général du Bas-Rhin, Tomi semble s'acquitter d'une dette dont a l'air de dépendre son salut : la mémoire collective de sa génération ; c'est l'idée d'«homme-mémoire» qu'a formulée avec justesse l'historien Pierre Nora. «On ne peut pas dire que ce n'est pas arrivé. Voici la preuve que c'est arrivé. Il faut que quelqu'un rassemble tout ça. Ces choses sont indisponibles, introuvables, non-exhibées», dit Tomi fermement mais très calmement aussi à Celia, comme s'il avait fait, lui, le travail de mémoire de son côté, rassembler les choses importantes pour les générations à venir, et que nous devions, nous, en prendre la charge.

Bénédicte Mathey

Commissaire de l'exposition
«Histoire de se souvenir.
La Collection de Tomi Ungerer
(1914-1918/1939-1945)»

wohl sein Heil abhängt : das kollektive Gedächtnis seiner Generation. Dies hat mit dem vom Historiker Pierre Nora treffend formulierten Gedanken des „homme-mémoire", des „Gedächtnis-Menschen" zu tun : „Man kann doch nicht sagen, es ist nicht passiert. Das hier ist der Beweis, dass es passiert ist. Irgendjemand muss das alles zusammentragen. Diese Dinge sind nicht verfügbar, sie sind unauffindbar, sie sind ‚unausgestellt'", sagt Tomi Ungerer mit Nachdruck und ganz ruhig in Celias Film, als hätte er für sich die Erinnerungsarbeit geleistet, die wichtigen Dinge für die kommenden Generationen zusammenzutragen, und als wäre es nun unsere Aufgabe, sie zu hüten.

Bénédicte Mathey

Kuratorin der Ausstellung
„Histoire de se souvenir" / „Sammeln gegen das Vergessen : aus dem Fundus von Tomi Ungerer (1914-1918 / 1939-1945)"

Défense d'afficher

Parmi les pièces les plus rares de la collection de Tomi Ungerer, figure une cinquantaine de tracts illustrés antinazis. Ils ont été déposés, distribués à la hâte, collés rapidement – plusieurs ne sont pas plus grands que la paume de la main et leur verso est encollé, prêt à recevoir directement la salive –, ou encore lancés par «voie des airs». C'est un miracle qu'ils aient été conservés.

Leur origine reste encore difficile à établir actuellement car peu d'indices nous permettent de les attribuer à des auteurs avec certitude (seuls les tracts d'Arthur Szyk et de David Fitzpatrick sont identifiés). Par ailleurs, étant donné la nature de ce type de document, une simple feuille volante, peu de tracts illustrés ont été épargnés par la destruction. Quant à leurs propos, ils n'ont pas plus incité à la conservation; peut-on imaginer quel était le destin d'une personne prise en flagrant délit de lecture, pire, de possession, de l'un de ces tracts ridiculisant le Führer?

Mystère d'auteur

Tous anonymes, ces tracts portent pour certains une marque: un rond avec un point en son centre. Signe d'une organisation? Quelques-uns ont été tamponnés – peut-être un numéro de saisie de police? D'autres enfin sont imprimés recto-verso.

Dessins se suffisant à eux-mêmes ou compositions graphiques complexes associées à de piquantes légendes, ils traitent de la politique intérieure allemande, dénoncent les crimes de la Gestapo, témoignent de la barbarie et de l'absurdité nazies et de celles de son chef. Un seul tract évoque les camps de concentration, mais sans doute s'agit-il plus de la répression politique, communiste en particulier. Aucune mention n'est faite au sujet des camps d'extermination ni même de l'antisémitisme.

Parfois des événements auxquels ces tracts font référence permettent de les dater plus précisément (la débâcle pendant la campagne de Russie – l'exemple rare d'un photomontage alsacien –, ou la fabrication ratée des fusées V1). Certains plus anciens ont pu être utilisés par l'agence de presse allemande indépendante *Impress* (existante jusqu'en 1936).

Si les légendes sont en allemand, pour autant, du point de vue du style, on pense aux caricatures satiriques anglo-saxonnes, notamment celles de William Gropper (1897-1977) ou de David Low (1891-1963) qui illustraient les journaux *New Masses* ou *Evening Standard*. Certains tracts, en raison de leur grande qualité graphique et de leur technique (en particulier la gravure, le bois gravé), sont l'œuvre d'artistes qui rappellent les créations de Heinz Kiwitz (1910-1938), Max Lingner (1888-1959), Hanns Kralik (1900-1971) ou les célèbres photomontages de John Heartfield (1891-1968).

Artistes combattants de l'impossible, engagés dans une «guerre sans haine» (Adorno), parce qu'au comble de l'inhumanité avec ses millions de morts méthodiquement exterminés, leurs tracts nous offrent encore aujourd'hui un témoignage extraordinaire de liberté d'expression et de lutte contre le fascisme.

B.M.

Plakatieren verboten

Zu den seltensten Stücken der Sammlung Tomi Ungerer zählen etwa fünfzig gegen die Nazis gerichtete illustrierte Flugblätter. Sie wurden seinerzeit in aller Eile an irgendeiner anonymen Ecke abgelegt, hastig verteilt, ebenso hastig angeklebt – mehrere sind nicht größer als eine Handfläche und auf der Rückseite mit einer Klebegummierung versehen, konnten also mit der Zunge gebrauchsfertig gemacht werden. Manche wurden auch aus der Luft abgeworfen. In jedem Fall ist es ein Wunder, dass sie sich erhalten haben.

Ihr Ursprung ist schwer zurückzuverfolgen, denn es gibt nur wenige Indizien, die eine sichere Zuschreibung erlauben (einzig bei den Flugblättern von Arthur Szyk und David Fitzpatrick ist dies bislang möglich). Im Übrigen ist schon die Art dieser Dokumente – ein schlichtes einzelnes Blatt Papier – Ursache dafür, dass nur wenige von der Zerstörung verschont blieben. Was ihre Aussage angeht, so hat sie genauso wenig zum Aufbewahren verleitet: Man kann sich vorstellen, was mit demjenigen passiert wäre, der *in flagranti* beim Lesen oder gar im Besitz eines jener Blätter ertappt wurde, die den deutschen Führer lächerlich machten.

Rätsel der Autorschaft

All diese Flugblätter sind anonym, einige allerdings weisen eine Art Signatur auf: einen Kreis mit einem Punkt im Zentrum. Zeichen für eine Organisation? Mehrere sind gestempelt – vielleicht eine polizeiliche Beschlagnahmungsnummer? Wieder andere sind vor- und rückseitig bedruckt.

Ob es nun textlose, sich selbst erklärende Zeichnungen sind oder komplexe, zu bissigen Schriftzeilen in Bezug gesetzte Graphikkompositionen, sie handeln von der deutschen Innenpolitik, prangern die Verbrechen der Gestapo an, legen Zeugnis ab von der Barbarei und Absurdität des Nazitums und seines obersten Vertreters. Ein einziges Flugblatt nimmt Bezug auf die Konzentrationslager, aber wahrscheinlich geht es hier mehr um die Inhaftierung aus politischen Gründen, insbesondere die der Kommunisten. In keiner Weise thematisiert werden die Vernichtungslager, nicht einmal der Antisemitismus wird erwähnt.

Manchmal ermöglichen Zeitereignisse, auf die sich die Flugblätter beziehen, eine genauere Datierung (so das Stalingrad-Debakel während des Russlandfeldzugs – seltenes Beispiel einer elsässischen Photomontage – oder die technisch ineffizienten V1-Flugkörper). Bestimmte ältere Blätter mögen von der unabhängigen, bis 1936 existierenden deutschen Presseagentur *Impress* verwendet worden sein.

Die Bildunterschriften sind zwar auf Deutsch gehalten, aber vom Stil her denkt man doch sogleich an die angelsächsischen satirischen Karikaturen, vor allem an jene eines William Gropper (1897-1977) oder eines David Low (1891-1963), die in den Zeitungen *New Masses* oder *Evening Standard* abgedruckt wurden. Manche sind aufgrund ihrer graphischen Qualität und der Technik (insbesondere wo der Holzschnitt zum Einsatz kommt) das Werk von Künstlern, sie erinnern an die Produktionen von Heinz Kiwitz (1910-1938), Max Lingner (1888-1959), Hanns Kralik (1900-1971) oder an die berühmten Photomontagen von John Heartfield (1891-1968).

Als Künstler waren sie Kämpfer in unmöglicher Mission, eingetreten in einen „Krieg ohne Hass" (Adorno): Als mit Millionen von kalt und methodisch ausgelöschten Menschenleben die Inhumanität ihren Gipfel erreichte, entstanden ihre Flugblätter, und heute wirken sie fort als einmaliges Zeugnis der Meinungsfreiheit und des Kampfes gegen den Faschismus.

B.M.

Propaganda

Anonyme, *Avec l'assurance du somnambule » IL « conduit l'Allemagne vers l'abîme . . . !*, tract, impression sur papier, sans lieu, sans date.

Anonym, *Mit nachtwandlerischer Sicherheit führt » ER « Deutschland dem Abgrund zu . . . !*, Flugblatt, Druck auf Papier, ohne Ortsangabe, ohne Datum.

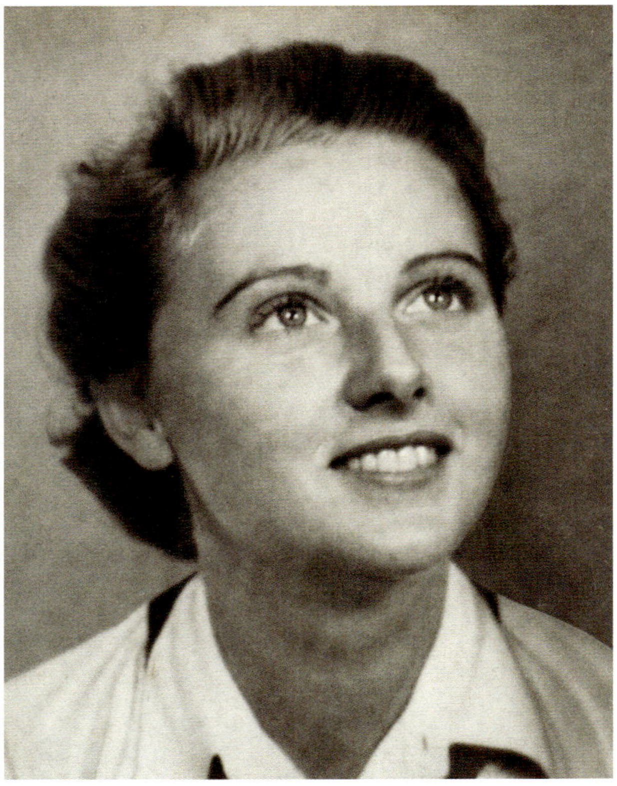

Photo tirée du livre de propagande : *Die Jugend des Führers. Bilderbuch über die Großdeutsche Jugend*, Erwin Skacel Verlagsbuchhandlung, Leipzig, 1942.

Aus dem Propagandabuch : *Die Jugend des Führers. Bilderbuch über die Großdeutsche Jugend*, Erwin Skacel Verlagsbuchhandlung, Leipzig, 1942.

Photo tirée du livre-album édité par un fabricant de cigarettes : Heinrich HOFFMANN et Wilfrid BADE, *Deutschland erwacht. Werden, Kampf und Sieg der NSDAP*, Berlin, 1933.

Aus dem Bildband eines Zigarettenherstellers : Heinrich HOFFMANN und Wilfrid BADE, *Deutschland erwacht. Werden, Kampf und Sieg der NSDAP*, Berlin, 1933.

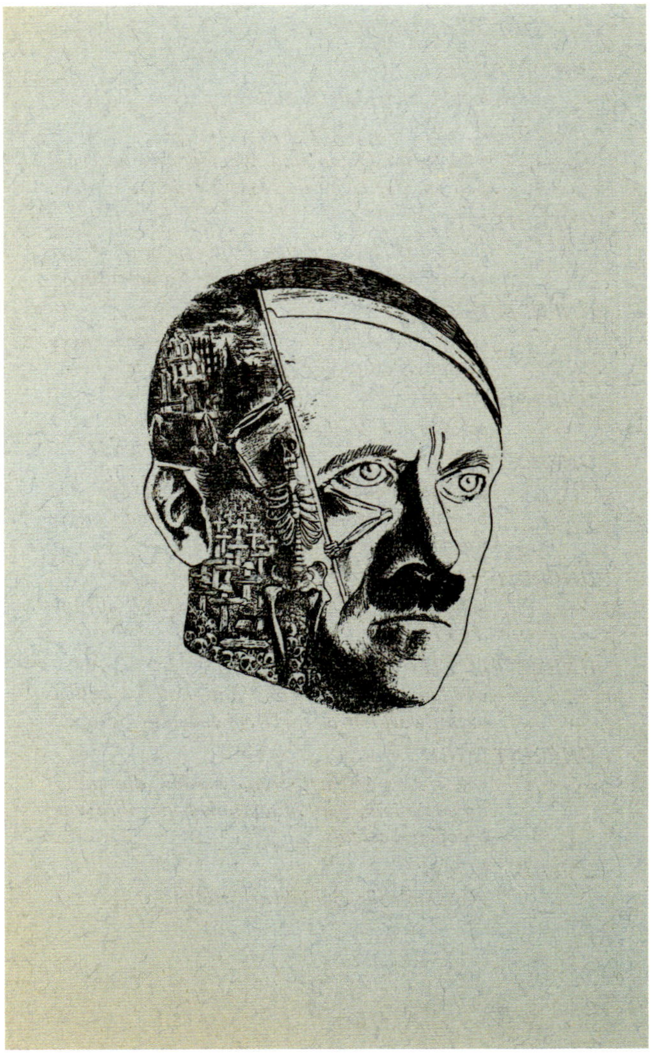

Anonyme, *Sans titre*, portrait-charge de Hitler, tract recto-verso, impression sur papier, sans lieu, sans date.

Anonym, *Ohne Titel*, Porträtkarrikatur von Adolf Hitler, Flugblatt, vor- und rückseitig bedrucktes Papier, ohne Ortsangabe, ohne Datum.

Planche tirée du livre-album édité par un fabricant de cigarettes : Heinrich HOFFMANN et Wilfrid BADE, *Deutschland erwacht. Werden, Kampf und Sieg der NSDAP*, Berlin, 1933.

Bildtafel aus dem Bildband eines Zigarettenherstellers : Heinrich HOFFMANN und Wilfrid BADE, *Deutschland erwacht. Werden, Kampf und Sieg der NSDAP*, Berlin, 1933.

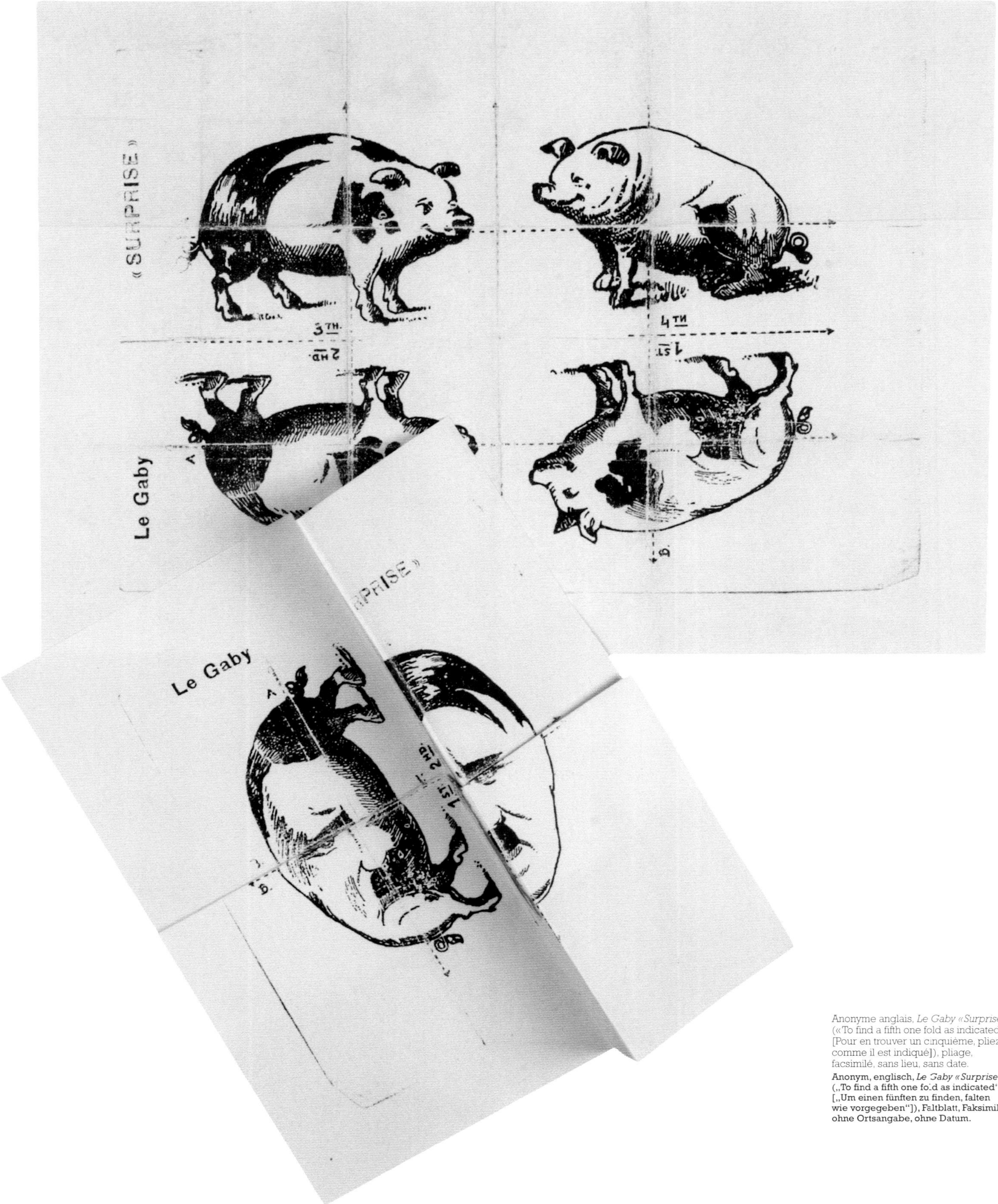

Anonyme anglais, *Le Gaby «Surprise»* («To find a fifth one fold as indicated» [Pour en trouver un cinquième, pliez comme il est indiqué]), pliage, facsimilé, sans lieu, sans date.

Anonym, englisch, *Le Gaby «Surprise»* („To find a fifth one fold as indicated" [„Um einen fünften zu finden, falten wie vorgegeben"]), Faltblatt, Faksimile, ohne Ortsangabe, ohne Datum.

Der Führer und Oberste Befehlshaber in Straßburg (Le Führer et commandant en chef des armées à Strasbourg), carte postale éditée par Hoffmann à Munich, sans date (1940 ?).
***Der Führer und Oberste Befehlshaber in Straßburg*, Postkarte im Verlag Hoffmann, München, ohne Datum (1940 ?).**

GESTAPO ARBEIT

Détail d'une carte postale, sans lieu, sans date (1933 ?).
Detail einer Postkarte, ohne Ortsangabe, ohne Datum (1933 ?).

Anonyme, *Le travail de la Gestapo*, tract recto-verso, impression sur papier, sans lieu, sans date.
Anonym, *Gestapoarbeit*, Flugblatt, vor- und rückseitig bedrucktes Papier, ohne Ortsangabe, ohne Datum.

Rencontre entre Mussolini et Hitler en mai 1938 à Rome, carte postale éditée par Hoffmann, Munich, sans date (à partir de 1938).
Begegnung zwischen Mussolini und Hitler im Mai 1938 in Rom, Postkarte im Verlag Hoffmann, München, ohne Datum (frühestens 1938).

Anonyme, *La vermine la plus nuisible : le rat nazi !*, tract, impression sur papier, sans lieu, sans date.

Anonym, *Das schädlichste Ungeziefer [:] die Naziratte !*, Flugblatt, Druck auf Papier, ohne Ortsangabe, ohne Datum.

Anonyme, *Abattez ce chien enragé et le pays sera libre..!*, tract, impression sur papier, sans lieu, sans date.
Anonym, *Erschlagt diesen tollen Hund und das Land ist frei..!*, Flugblatt, Druck auf Papier, ohne Ortsangabe, ohne Datum.

Der Reichskanzler in den Bergen (Le Chancelier du Reich à la montagne), carte postale éditée par Hoffmann, Munich, sans date (1933 ?).
***Der Reichskanzler in den Bergen*, Postkarte im Verlag Hoffmann, München, ohne Datum (1933 ?).**

Carte postale éditée par Hoffmann, Munich, sans date.
Postkarte im Verlag Hoffmann, München, ohne Datum.

Anonyme, *Qui est à l'appareil ? C'est toi Adolf ? [la ligne du Dniepr]*, tract, impression sur papier, sans lieu, sans date (1944 ?).
Anonym, *Wer spricht ? Bist du's Adolf ? / Dnjepr Linie*, Flugblatt, Druck auf Papier, ohne Ortsangabe, ohne Datum (1944 ?).

Carte postale éditée par Hoffmann, Munich, sans date.
Postkarte im Verlag Hoffmann, München, ohne Datum.

Anonyme, *Puis-je vous présenter l'un de mes amis, Adolf? Celui qui vient d'Odessa n'est pas encore arrivé !*, tract, impression sur papier, sans lieu, sans date (1943 ?).
Anonym, *Darf ich Ihnen einen meiner Freunde vorstellen, Adolf? Der aus Odessa ist noch nicht eingetroffen !*, Flugblatt, Druck auf Papier, ohne Ortsangabe, ohne Datum (1943 ?).

Eine stille Stunde im Berchtesgadner Land (Une heure tranquille à Berchtesgaden), carte postale éditée par Hoffmann, Munich, sans date.
Eine stille Stunde im Berchtesgadner Land, Postkarte im Verlag Hoffmann, München, ohne Datum.

Anonyme, *La fuite dans la montagne ? Un lieu de retraite exclusivement réservé aux bonzes !*, tract, impression sur papier, sans lieu, sans date.
Anonym, *Flucht in die Berge ? Deutsches reduit / nur für die Bonzen !*, Flugblatt, Druck auf Papier, ohne Ortsangabe, ohne Datum.

Arthur SZYK, *Sans titre*, Portrait-charge des Alliés de l'Allemagne, tract, impression sur papier, sans lieu, sans date.
Arthur SZYK, *Ohne Titel*, Porträtkarikatur der Alliierten Deutschlands, Flugblatt, Druck auf Papier, ohne Ortsangabe, ohne Datum.

Reproduction carte postale du tableau de Hubert LANZINGER, *Der Bannerträger (Le Porte-étendard)*, édition Hoffmann, Munich, 1934 ou 1936.

Kunstpostkarte nach dem Gemälde von Hubert LANZINGER, *Der Bannerträger*, im Verlag Hoffmann, München, 1934 oder 1936.

Reproduction du tableau de Heinrich KNIRR. Carte postale éditée par Hoffmann, Munich, sans date (1938?).
Reproduktion des Gemäldes von Heinrich KNIRR. Kunstpostkarte im Verlag Hoffmann, München, ohne Datum (1938?).

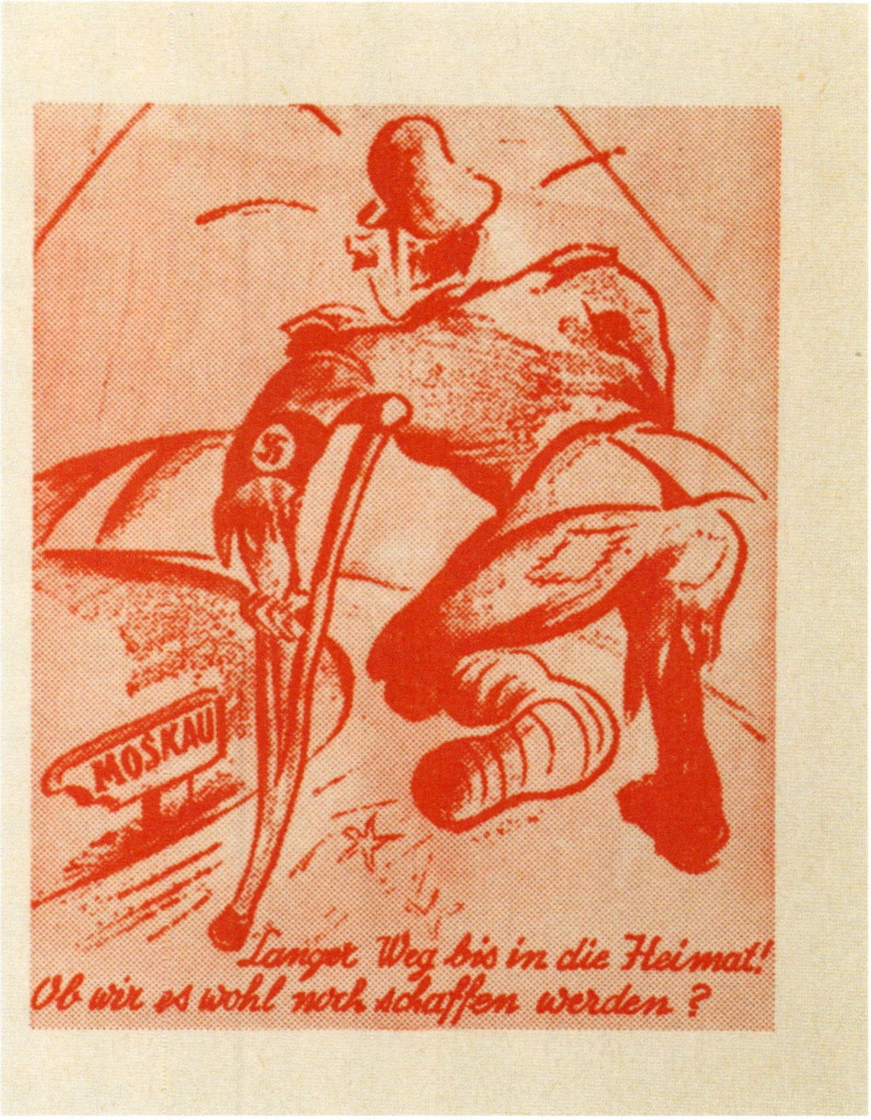

Anonyme, *Qu'il est long le chemin du retour! Est-ce que nous en verrons le bout?*, tract, impression sur papier, sans lieu, sans date (1943?).

Anonym, *Langer Weg bis in die Heimat! Ob wir es wohl noch schaffen werden?*, Flugblatt, Druck auf Papier, ohne Ortsangabe, ohne Datum (1943?).

Photomontage réalisé par Tomi Ungerer. Figurine de Hitler en polymère peint de la marque de jouet LINEOL GERMANIA, sans date (Collection privée Tomi Ungerer) et carte tirée de l'ouvrage : Doktor Fritz PFROMMER, *Volk, Heimat und Welt. Atlas für die Volksschule*, Karlsruhe, 1942 (?). Collection Jean-Paul Bailliard.

Photomontage : Tomi Ungerer. Kleinfigur Adolf Hitlers aus bemaltem Kunststoff der Spielzeugmarke LINEOL GERMANIA, ohne Datum (Privatsammlung Tomi Ungerer) und Landkarte aus dem Schulbuch : Dr. Fritz PFROMMER, *Volk, Heimat und Welt. Atlas für die Volksschule*, Karlsruhe, 1942 (?). Sammlung Jean-Paul Bailliard.

Anonyme, *Son empire millénaire s'effondre..!*, tract, impression sur papier, sans lieu, sans date.
Anonym, *Sein 1000 jähriges Reich stürzt ein..!*, Flugblatt, Druck auf Papier, ohne Ortsangabe, ohne Datum.

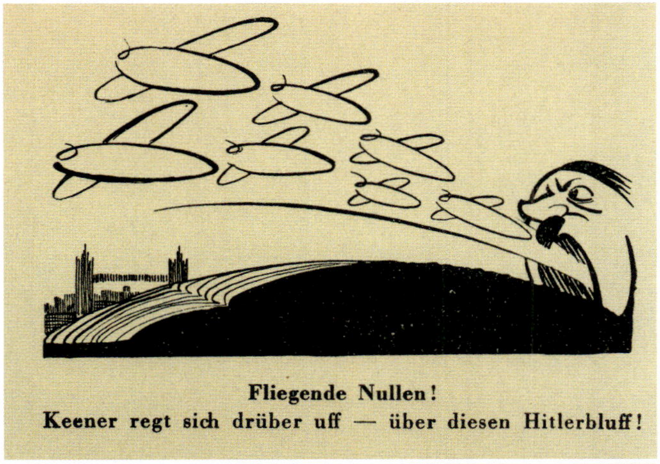

Anonyme [texte en dialecte berlinois], *Zéros volants !/ Personne ne s'en émeut – de ce bluff schleuh*, tract, impression sur papier, sans lieu (Berlin ?), sans date (après le 13 juin 1944).
Anonym, (Text im Berliner Dialekt), *Fliegende Nullen ! Keener regt sich drüber uff – über diesen Hitlerbluff*, Flugblatt, Druck auf Papier, ohne Ortsangabe (Berlin ?), ohne Datum (nach dem 13. Juni 1944).

Anonyme (Heinz KIWITZ ?), *Le Volkssturm allemand : „Halte-là.. ou je tire !"*, tract, impression sur papier, sans lieu, sans date.
Anonym, (Heinz Kiwitz ?), *Deutscher Volkssturm : „Halt.. oder ich schieße !"*, Flugblatt, Druck auf Papier, ohne Ortsangabe, ohne Datum.

Anonyme alsacien [texte en dialecte haut-rhinois], *Adolf, tu ne vas pas mieux que moi, / cette satanée Russie a eu raison de moi aussi !*, tract, photomontage, sans lieu (Haut-Rhin ?), sans date (1943 ?).

Anonym, elsässisch (Text in oberelsässische Dialekt), *Adolf, dir geht's oij nit beser as mir / das kaiwe Rüssland het mich oij hing'macht !, (Adolf, dir geht's auch nicht besser als mir / dieses verdammte Russland hat mich auch kaputt gemacht !)* Flugblatt, Photomontage, ohne Ortsangabe, ohne Datum (1943 ?).

Anonyme à la manière de John HEARTFIELD, *Les trompettes de la mort du Troisième Reich : l'étendard Adolf Hitler*, tract recto-verso, photomontage, sans lieu, sans date.

Anonym, in Anlehnung an John HEARTFIELD, *Die Totentrompeten des Dritten Reiches : Adolf Hitler-Standarte*, Flugblatt, vor- und rückseitig bedrucktes Papier, ohne Ortsangabe, ohne Datum.

Anonyme, *Sans titre*, La Gestapo surveillant la Wehrmacht, tract recto-verso, impression sur papier, sans lieu, sans date.
Anonym, *Ohne Titel*, Die Gestapo beaufsichtigt die Wehrmacht, Flugblatt, vor- und rückseitig bedrucktes Papier, ohne Ortsangabe, ohne Datum.

Anonyme (Heinz KIWITZ ?), *Pour la sécurité du peuple allemand le Führer n'a rien laissé au hasard*, tract, impression sur papier, sans lieu, sans date.
Anonym (Heinz KIWITZ ?), *Für die Sicherheit des deutschen Volkes hat der Führer alles einkalkuliert*, Flugblatt, Druck auf Papier, ohne Ortsangabe, ohne Datum.

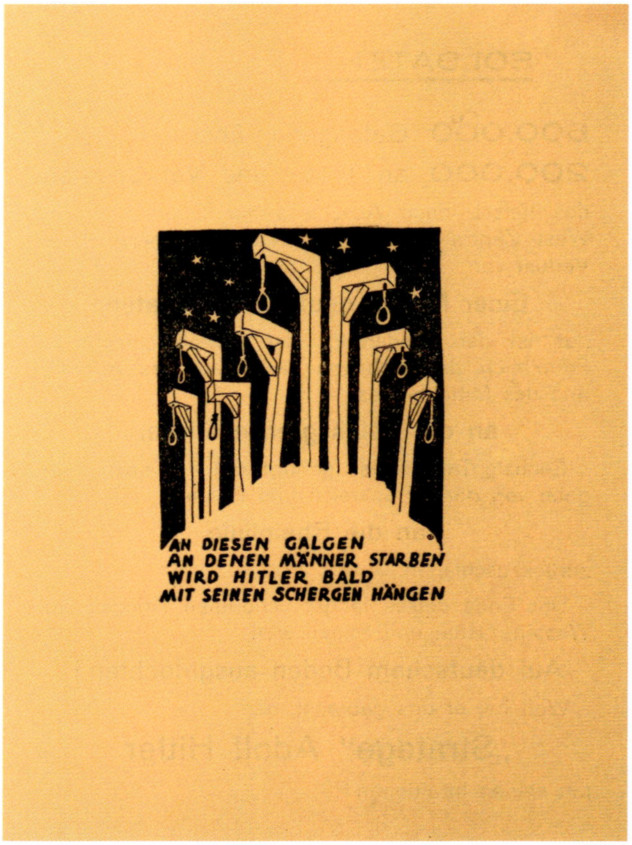

Anonyme, *Ces potences où tant d'hommes ont été pendus serviront bientôt pour Hitler et ses sbires*, tract recto-verso, impression sur papier, sans lieu, sans date (1943 ?).
Anonym, *An diesen Galgen, an denen Männer starben, wird Hitler bald mit seinen Schergen hängen*, Flugblatt, vor- und rückseitig bedrucktes Papier, ohne Ortsangabe, ohne Datum (1943 ?).

Anonyme, *La seule issue – vers la liberté !!*, tract, impression sur papier, sans lieu, sans date.
Anonym, *Der einzige Weg – zur Freiheit !!*, Flugblatt, Druck auf Papier, ohne Ortsangabe, ohne Datum.

Anonyme, *Malgré cette menace -- La liberté viendra..!* tract, impression sur papier, sans lieu, sans date.
Anonym, *Trotz dieser Drohung -- Wird doch die Freiheit kommen.. !*, Flugblatt, Druck auf Papier, ohne Ortsangabe, ohne Datum.

Anonyme, *Justice allemande*, tract, impression sur papier, sans lieu, sans date.
Anonym, *Deutsche Justiz*, Flugblatt, Druck auf Papier, ohne Ortsangabe, ohne Datum.

Anonyme, „*Une douce mort m'est promise''/ Déclara Himmler, „si je la compare aujourd'hui / À toutes ces horreurs que j'ai commises...''/ Mais le peuple à tout jamais le maudit*, tract, impression sur papier, sans lieu, sans date.

Anonym, *„Ein sanfter Tod ist mir beschieden", / Sprach Himmler, „Wenn Vergleich ich heut, / Wie grausam ich es hab' getrieben"... / Das Volk flucht ihm in Ewigkeit...*, Flugblatt, Druck auf Papier, ohne Ortsangabe, ohne Datum.

Anonyme, *Pas de médecin – pas de médicaments – des milliers de personnes meurent – On manque de tout – seule la mort n'est pas rationnée ! Voilà le Reich du Führer !!*, tract, impression sur papier, sans lieu, sans date.

Anonym, *Kein Arzt – Keine Arznei – Tausende sterben dahin – Alles fehlt – Nur der Tod ist nicht rationiert ! Das ist das Reich des Führers !!*, Flugblatt, Druck auf Papier, ohne Ortsangabe, ohne Datum.

In sicherer Hut (Bien protégés), reproduction carte postale du tableau de Richard STEGMANN, 1939.

***In sicherer Hut*, Kunstpostkarte nach dem Gemälde von Richard STEGMANN, 1939.**

Photo tirée de Heinrich HOFFMANN, *Jugend um Hitler*, Verlag Heinrich Hoffmann, Berlin, 1934.
Photo aus Heinrich HOFFMANNs *Jugend um Hitler*, Verlag Heinrich Hoffmann, Berlin, 1934.

Anonyme, *Plus Hitler se taira, plus les morts parleront haut et fort...*, tract recto-verso, impression sur papier, sans lieu, sans date.
Anonym, *Je mehr Hitler schweigt desto lauter reden die Toten*, Flugblatt, vor- und rückseitig bedrucktes Papier, ohne Ortsangabe, ohne Datum.

Photo tirée du livre de propagande : *Die Jugend des Führers. Bilderbuch über die Großdeutsche Jugend*, Erwin Skacel Verlagsbuchhandlung, Leipzig, 1942.

Photo aus dem Propagandabildband *Die Jugend des Führers. Bilderbuch über die Großdeutsche Jugend*, Erwin Skacel Verlagsbuchhandlung, Leipzig, 1942.

Anonyme, *La metamorphose de l'aigle en perroquet : « victoire victoire victoire victoire » / Allemagne, réveille-toi*, tract, impression sur papier, sans lieu, sans date.

Anonym, *Verwandlung vom Adler zum Papagei [:] Sieg Sieg Sieg Sieg – Deutschland erwache*, Druck auf Papier, ohne Ortsangabe, ohne Datum.

Anonyme, *Les enfants des huiles sont beaucoup – plus gras !*, tract, impression sur papier, sans lieu, sans date.
Anonym, *Bonzenkinder sind viel – fetter !*, Flugblatt, Druck auf Papier, ohne Ortsangabe, ohne Datum.

Photo tirée du livre de propagande : *Die Jugend des Führers. Bilderbuch über die Großdeutsche Jugend*, Erwin Skacel Verlagbuchhandlung, Leipzig, 1942.
Photo aus dem Propagandabildband *Die Jugend des Führers. Bilderbuch über die Großdeutsche Jugend*, Erwin Skacel Verlagsbuchhandlung, Leipzig, 1942.

Photographie tirée de Ernst DIETMAIER et du NSDAP (Parti National-Socialiste, en abrégé, nazi), *Das Elsaß in der Großdeutschen Freiheitsfront. 1941: Die ersten Kreistage im Heimgekehrtem Elsaß*, Straßburger Neueste Nachrichten, Strasbourg, 1941.

Photographie aus dem Band *Das Elsaß in der Großdeutschen Freiheitsfront. 1941: Die ersten Kreistage im heimgekehrten Elsaß*, herausgegeben von Ernst DIETMAIER und der NSDAP, Straßburger Neueste Nachrichten.

Anonyme, *Goebbels n'en a que faire de la guerre, / Chercher une star pour un film, voilà son but. / De ceux qui agonisent il ne se soucie guère, / Il passe son temps avec les putes*, tract, impression sur papier, sans lieu, sans date.

Anonym, *Für Goebbels ist der Krieg nicht schlimm, / Er sucht den Star für einen Film. / Indem die andern sich verbluten, / Beschäftigt er sich mit den Nutten*, Flugblatt, Druck auf Papier, ohne Ortsangabe, ohne Datum.

Anonyme, *Voulez-vous tous crever sous cet insigne !?*, tract, impression sur papier, sans lieu, sans date.

Anonym, *Wollt ihr denn alle unter diesem Zeichen krepieren !?*, Flugblatt, Druck auf Papier, ohne Ortsangabe, ohne Datum.

Photo tirée du livre de propagande : *Die Jugend des Führers. Bilderbuch über die Großdeutsche Jugend*, Erwin Skacel Verlagbuchhandlung, Leipzig, 1942.

Photo aus dem Propagandabildband *Die Jugend des Führers. Bilderbuch über die Großdeutsche Jugend*, Erwin Skacel Verlagsbuchhandlung, Leipzig, 1942.

David FITZPATRICK, *Sans titre*, dessin pour le quotidien américain *St Louis Post-Dispatch* du 25 novembre 1942, tract, impression sur papier, sans lieu, sans date.
David FITZPATRICK, *Ohne Titel*, Zeichnung für die amerikanische Tageszeitung *St Louis Post-Dispatch* vom 25. November 1942, Flugblatt, Druck auf Papier, ohne Ortsangabe, ohne Datum.

Photo tirée de SS Hauptamt, *Sennheim SS-Ausbildungslager*, Verlagsanstalt A.G., Strasbourg, sans date.
Photo aus dem vom SS-Hauptamt herausgegebenen Buch *SS-Ausbildungslager Sennheim*, Verlagsanstalt A.G., Straßburg, ohne Datum.

Photo tirée du livre de propagande : *Die Jugend des Führers. Bilderbuch über die Großdeutsche Jugend*, Erwin Skacel Verlagsbuchhandlung, Leipzig, 1942.

Photo aus dem Propaganda-Bildband : *Die Jugend des Führers. Bilderbuch über die Großdeutsche Jugend*, Erwin Skacel Verlagsbuchhandlung, Leipzig, 1942.

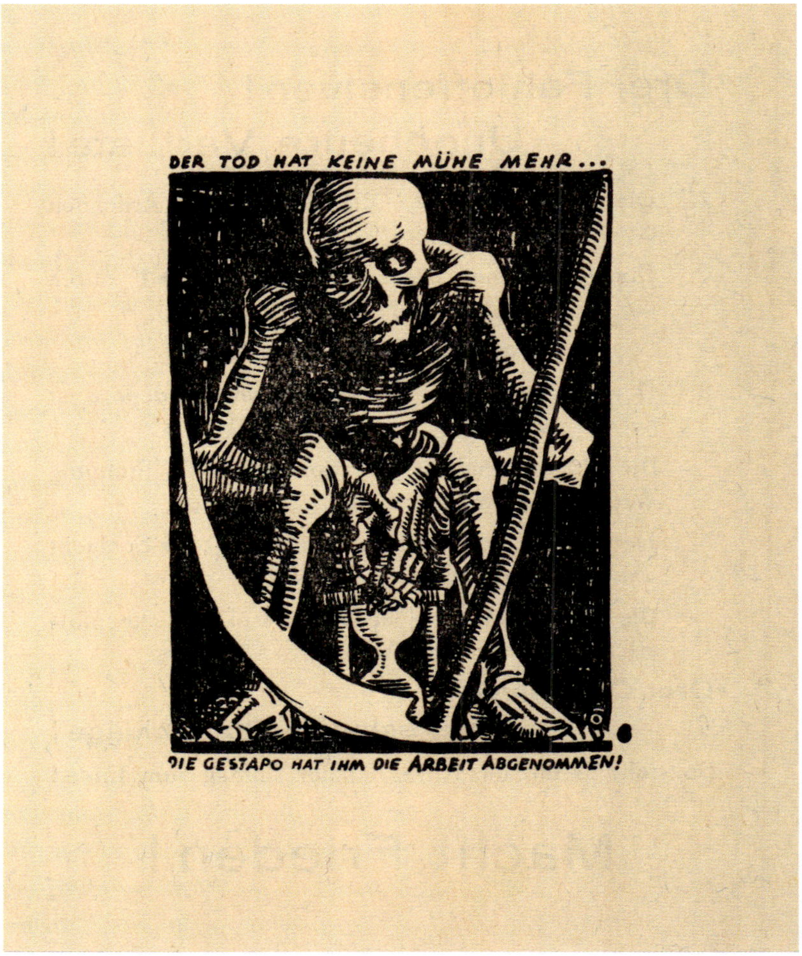

Anonyme, *La mort n'a plus d'efforts à faire... / La Gestapo a fait le travail à sa place !*, tract recto-verso, impression sur papier, sans lieu, 1944 ou 1945.

Anonym, *Der Tod hat keine Mühe mehr... / Die Gestapo hat ihm die Arbeit abgenommen !*, Flugblatt, vor- und rückseitig bedrucktes Papier, ohne Ortsangabe, 1944 oder1945.

Photo tirée du livre de propagande :
Die Jugend des Führers. Bilderbuch über die Großdeutsche Jugend,
Erwin Skacel Verlagbuchhandlung,
Leipzig, 1942.

Photo aus dem Propagandabildband
***Die Jugend des Führers. Bilderbuch über die Großdeutsche Jugend*,**
Erwin Skacel Verlagsbuchhandlung,
Leipzig, 1942.

Anonyme (Heinz KIWITZ ?) *–Et je ne peux même pas l'enterrer comme il faut..*, tract, impression sur papier, sans lieu, sans date.

Anonym (Heinz KIWITZ ?), *–Und nicht einmal anständig begraben kann ich sie..*, Flugblatt, Druck auf Papier, ohne Ortsangabe, ohne Datum.

Anonyme, *Un exemple à suivre ! Les salles des tortures de la Gestapo – Pour les idéaux humains et civilisateurs tant vantés par Goebbels !*, tract, impression sur papier, sans lieu, sans date.
Anonym, *Ein gutes Beispiel ! Die Folterkammern der Gestapo – Für die menschlichen und zivilisatorischen Ideale, von denen Goebbels so viel redet !*, Flugblatt, Druck auf Papier, ohne Ortsangabe, ohne Datum.

Josef THORAK, sculpture pour le pavillon de l'Allemagne à l'Exposition internationale de 1937 à Paris.
Josef THORAK, Skulptur für den deutschen Pavillon bei der Internationalen Ausstellung Paris 1937.

Anonyme (Hanns KRALIK ?), *Troisième Reich / Allumettes - Estropiés de guerre / Voulez-vous être un peuple de cette espèce ?*, tract, impression sur papier, sans lieu, sans date.

Anonym (Hanns KRALIK ?), *III. Reich / Streichhölzer-Kriegskrüppel / Wollt ihr ein solches Volk werden ?*, Flugblatt, Druck auf Papier, ohne Ortsangabe, ohne Datum.

Hans RETZLAFF et le RAD, *Sans titre*, carte postale représentant les recrues du *Reichsarbeitsdienst*, le travail obligatoire, sans lieu, sans date.

Hans RETZLAFF und der RAD, *Ohne Titel*, Postkarte mit Rekruten des Reichsarbeitsdiensts, ohne Ortsangabe, ohne Datum.

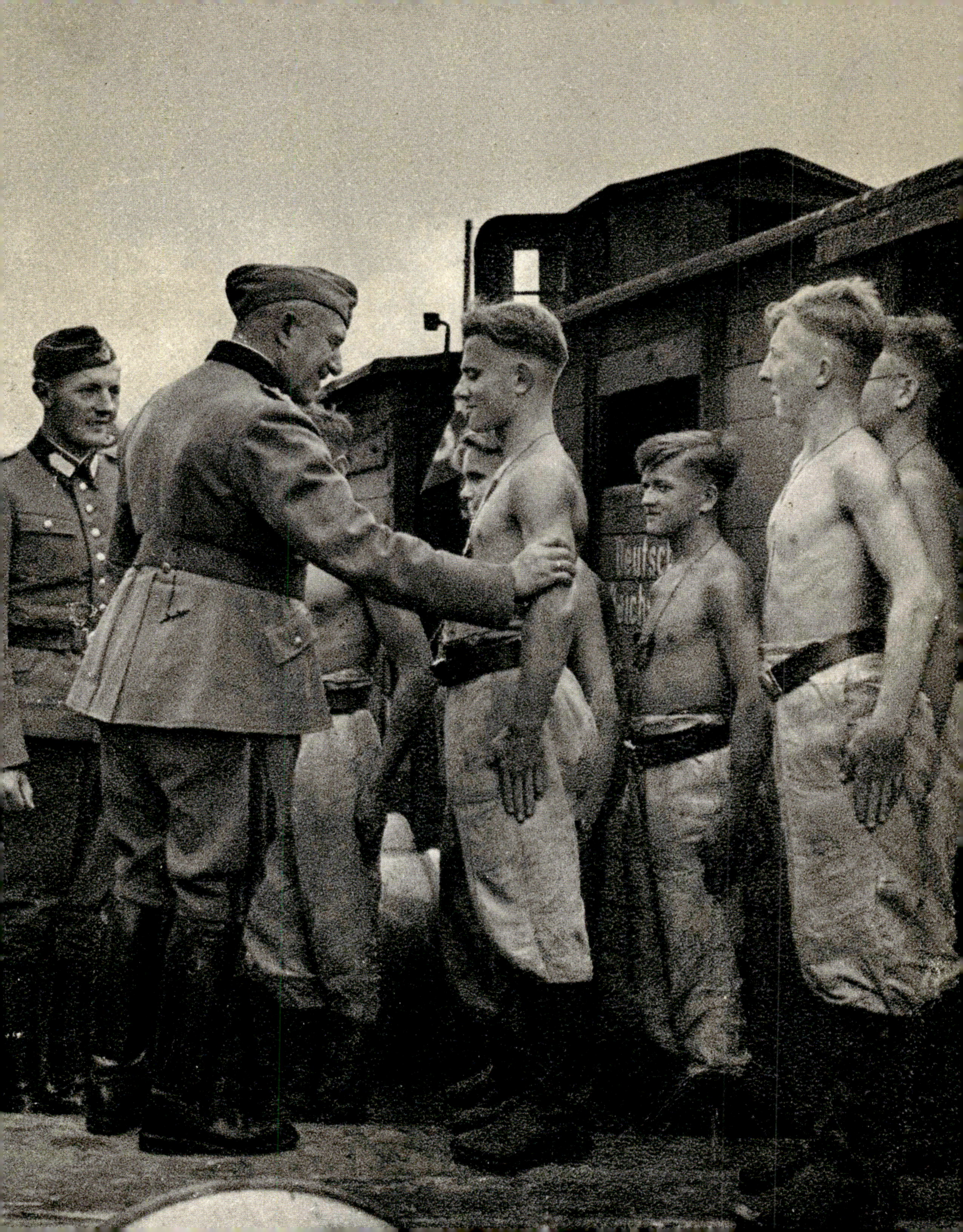

Anonyme, *La guerre du peuple / Bouffe ou – crève !*, tract, impression sur papier, sans lieu, sans date.
Anonym, *Volkskrieg / Friss Vogel oder – stirb !*, Flugblatt, Druck auf Papier, ohne Ortsangabe, ohne Datum.

Photo tirée de Hans LOOKS et Hans FISCHER, *Arbeitsmänner zwischen Berg und Wolga. Erlebnisberichte und Bilder vom Einsatz des jüngsten Jahrganges an der Ostfront*, Zentralverlag der NSDAP, Berlin, 1942.

Photo aus : Hans LOOKS und Hans FISCHER, *Arbeitsmänner zwischen Berg und Wolga. Erlebnisberichte und Bilder vom Einsatz des jüngsten Jahrganges an der Ostfront*, Zentralverlag der NSDAP, Berlin, 1942.

Photo tirée du livre-album édité par un fabricant de cigarettes : Heinrich HOFFMANN et Wilfrid BADE, *Deutschland erwacht. Werden, Kampf und Sieg der NSDAP*, Berlin, 1933.

Photo aus dem Bildband eines Zigarettenherstellers : Heinrich HOFFMANN und Wilfrid BADE, *Deutschland erwacht. Werden, Kampf und Sieg der NSDAP*, Berlin, 1933.

Anonyme, ...*Depuis Stalingrad – Toujours élastique – Déposés* [jeu de mots portant vraisemblablement sur les avancées et reculées acharnées de l'armée allemande sur le front de l'Est et les casques des soldats], tract, impression sur papier, sans lieu, à partir de 1942.

Anonym, ...*Seit Stalingrad – immer wieder elastisch – abgesetzt...* (Vermutlich ein Wortspiel über die im Wehrmachtsbericht euphemistisch so genannten „elastischen" Absetzbewegungen und Rückzüge der Wehrmacht an der Ostfront und den Stahlhelm der Soldaten), Flugblatt, Druck auf Papier, ohne Ortsangabe, frühestens 1942.

271
10

© CORBIS

Anonyme allemand, portrait d'un jeune membre des Jeunesses hitlériennes après son arrestation par les forces américaines, sans date (1945 ?).

Anonym, deutsch, Porträt eines jungen Mitglieds der HJ nach seiner Festnahme durch die amerikanische Armee, ohne Datum (1945 ?).

Anonyme, portraits de soldats allemands, plaque de verre, sans lieu, sans date. Collection privée de Tomi Ungerer.

Anonym, Porträts deutscher Soldaten, Glasplatte ohne Ortsangabe, ohne Datum, Privatsammlung Tomi Ungerer.

Anonyme, *Les graines semées par Hitler ont porté leurs fruits. Mais dans son propre pays !!!*, tract, impression sur papier, sans lieu, sans date.
Anonym, *Die Saat Hitlers ist furchtbar aufgegangen. Aber im eigenen Land !!!*, Flugblatt, vor- und rückseitig bedrucktes Papier, ohne Ortsangabe, ohne Datum.

Dem Führer die Jugend (La Jeunesse pour le Führer), carte postale éditée par Hoffmann, Munich, sans date.
***Dem Führer die Jugend*, Postkarte im Verlag H. Hoffmann, München, ohne Datum.**

Photo panoramique tirée du livre-album édité par un fabricant de cigarettes : Heinrich HOFFMANN et Wilfrid BADE, *Deutschland erwacht. Werden, Kampf und Sieg der NSDAP*, Berlin, 1933.
Panoramaphoto aus dem Bildband eines Zigarettenherstellers : Heinrich HOFFMANN und Wilfrid BADE, *Deutschland erwacht. Werden, Kampf und Sieg der NSDAP*, Berlin, 1933.

Anonyme, *Des millions de morts – accusent Hitler*, tract recto-verso, impression sur papier, sans lieu, 1944 ou 1945.

Anonym, *Millionen Tote – klagen Hitler an*, Flugblatt, vor- und rückseitig bedrucktes Papier, ohne Ortsangabe, 1944 oder1945.

Anonyme, *Sans titre*, Piraterie nazie, tract, impression sur papier, sans lieu, sans date.
Anonym, *Ohne Titel*, Nazi-Piraten, Flugblatt, Druck auf Papier, ohne Ortsangbe, ohne Datum.

Anonyme (Hanns KRALIK ?), *Un tas d'immondices : les livres d'Hitler / Image paisible d'un avenir proche !*, tract, impression sur papier, sans lieu, sans date.
Anonym (Hanns KRALIK ?), *Mistablage Hitlerbücher / ein friedliches Bild aus der nahen Zukunft !*, Flugblatt, Druck auf Papier, ohne Ortsangabe, ohne Datum.

Anonyme, *Sans titre*, Goebbels recollant à la colle « mensongère » une amphore nazie, tract, impression sur papier, sans lieu, sans date.

Anonym, Ohne Titel, Goebbels versucht mit „Lügen"-Klebstoff eine Nazi-Amphore zu reparieren, Flugblatt, Druck auf Papier, ohne Ortsangabe, ohne Datum.

Anonyme (Heinz KIWITZ ?), Une rumeur ? – Le Führer est mort ? *Si c'est le cas – Ma foi tant pis – Heil Hitler !!*, tract, impression sur papier, sans lieu, sans date.

Anonym (Heinz KIWITZ ?), *Ein Gerücht ? – Der Führer tot ? Wenn ja – na denn – Heil Hitler !!*, Flugblatt, Druck auf Papier, ohne Ortsangabe, ohne Datum.

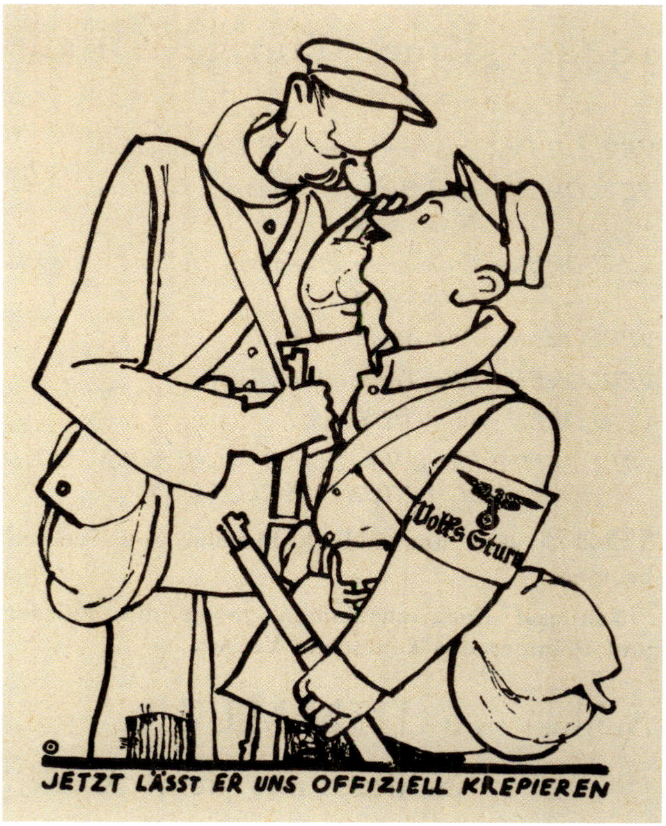

Anonyme, *Cette fois c'est officiel, il nous laisse crever*, tract, impression sur papier, sans lieu, sans date.

Anonym, *Jetzt lässt er uns offiziell krepieren*, Flugblatt, Druck auf Papier, ohne Ortsangabe, ohne Datum.

Anonyme, *Tu te souviens de moi... mon p'tit camarade ?*, tract, impression sur papier, sans lieu, sans date.

Anonym, *Erinnerst du dich meiner... Freundchen ?*, Flugblatt, Druck auf Papier, ohne Ortsangabe, ohne Datum.

Anonyme, *Voyez Adolf qui est pris en étau / À la fenêtre du voisin qu'il veut éliminer / Mais Joseph lui assène des coups de marteau / Et derrière, le calme est loin de régner*, tract, impression sur papier, sans lieu, sans date (1942 ?).

Anonym, *Seht, wie Adolf klettert in die Kammer / des Nachbarn, den er morden will. / Doch Joseph gibt's ihm, mit dem Hammer... / und hintendran ist's auch nicht still !*, Flugblatt, Druck auf Papier, ohne Ortsangabe, ohne Datum (1942 ?).

Anonyme, *Sans titre*, L'ours soviétique dévorant l'armée allemande, tract, impression sur papier, sans lieu, sans date (1942 ?).

Anonym, *Ohne Titel*, Der sowjetische Bär frisst die deutsche Armee auf, Flugblatt, Druck auf Papier, ohne Ortsangabe, ohne Datum (1942 ?).

Berlin. Königsplatz mit Bismarckdenkmal und Siegessäule (Berlin. Königsplatz avec le monument à Bismarck et la colonne de la Victoire), carte postale photomontage éditée par J. Wieland & Co, Berlin, sans date.

***Berlin. Königsplatz mit Bismarckdenkmal und Siegessäule*, Photomontage, Postkarte im Verlag J. Wieland & Co, Berlin, ohne Datum.**

Anonyme, *Je t'en supplie une fois de plus, Adolf : nous devrions déclarer Berlin ville ouverte !*, tract, impression sur papier, sans lieu, sans date (entre fin 1943 et 1944 ?).
Anonym, *Adolf, ich bitte dich nochmals inständig : Wir sollten Berlin zur offenen Stadt erklären !*, Flugblatt, Druck auf Papier, ohne Ortsangabe, ohne Datum (Ende 1943 oder 1944 ?).

H. WOLTER, *Sans titre*, photographie de la Chambre des deputés à Berlin après les bombardements, Berlin, 1947.
H. WOLTER, *Ohne Titel*, Photographie des Berliner Reichstags nach den Bombardierungen, Berlin, 1947.

Carte postale éditée par Hoffmann, Munich, sans date.
Postkarte im Verlag Hoffmann, München, ohne Datum.

Anonyme, *Minuit cinq...*, tract, impression sur papier, sans lieu, sans date.
Anonym, *5 Minuten nach 12...*, Flugblatt, Druck auf Papier, ohne Ortsangabe, ohne Datum.

5 MINUTEN NACH.. 12

Anonyme, *La guerre est perdue !*, tract, impression sur papier, sans lieu, sans date (1944 ?).
Anonym, *Der Krieg ist verloren !*, Flugblatt, Druck auf Papier, ohne Ortsangabe, ohne Datum (1944 ?).

Parce que nous avons en partage une langue maternelle et des langues fraternelles

«Je voudrais que mon arrogance soit aussi fausse que ma modestie... J'ai tendance à être tendre, compatissant. Mais il faut que je le cache. Quand j'étais gamin, on ne m'écoutait jamais. Je me suis aperçu qu'en étant provocateur, j'avais plus de chance d'être entendu, écouté, compris. Je parle trop haut, peut-être. Mais c'est un écran de fumée. Pour masquer quoi ? Que la misère du monde me rend malade.» (Tomi Ungerer, 1999)

Une cicatrice qui continue à faire mal

Nous sommes tous deux, Tomi et moi, des voyageurs avec des bagages, et ces bagages sont bien lourds à porter. Mais si l'on nous proposait de déposer notre fardeau et d'en choisir un autre, chacun s'empresserait bien vite de reprendre le sien : nous avons en commun une enfance blessée, des cicatrices qui ne se sont jamais refermées. Et pourtant, le destin qui nous fut assigné ne fut pas le même.

Lorsque Tomi Ungerer, jeune écolier, dut subir l'embrigadement nazi, il fut à la fois fasciné et marqué par cette profusion de signes, de chants, de gestes qui s'inscrivent – à tout jamais, affirme-t-il aujourd'hui – dans sa sensibilité et son corps. Mais comme en attestent ses dessins d'enfant, il se rebiffa, dans un esprit frondeur et cabochard. Mon enfance à moi fut celle d'une bête prétendue malfaisante, traquée, échappant aux rafles par le plus pur des hasards. La crainte tenace d'être arraché aux miens s'est inscrite en moi, créant un traumatisme que l'âge réactive.

Weil wir eine Muttersprache teilen und dazu noch Brüdersprachen

„Ich wünschte, meine Arroganz wäre so wenig echt wie meine Bescheidenheit geheuchelt ist... Ich neige zu Zärtlichkeit und Mitgefühl. Aber ich muss es verbergen. Als ich klein war, hat man mir nie zugehört. Da ist mir aufgefallen, dass einem eher zugehört wird, dass man eher verstanden wird, wenn man provoziert. Vielleicht rede ich zu laut. Aber das ist nur Schall und Rauch. Um was zu verbergen? Dass das Elend der Welt mich krank macht." (Tomi Ungerer, 1999)

Eine Narbe, die noch immer schmerzt

Anders als Anouilhs Komödienfigur sind wir beide, Tomi und ich, Reisende mit Gepäck, und dieses Gepäck ist sehr schwer zu tragen. Aber wenn man uns vorschlagen würde, unser Bündel abzulegen und dafür ein anderes aufzunehmen, würden wir beide in Windes Eile auf unser eigenes zurückgreifen : Was wir teilen ist eine Kindheit, die Wunden zurückgelassen hat, die Narben sind nie ganz verheilt. Und doch war das Schicksal, das uns auferlegt wurde, nicht das gleiche.

Als der junge Schüler Tomi Ungerer die jähe Vereinnahmung durch die Nazi-Ideologie erfuhr, war er zugleich fasziniert und erschreckt von der Überfülle an Zeichen, Liedern, Gesten, die sich – für immer, behauptet er heute – in seinem Fühlen und in seinem Körper eingegraben haben. Wie es jedoch seine Kinderzeichnungen beweisen, zeigte er sich bereits damals als ein von Widerspruchsgeist beseelter Querkopf. Meine eigene Kindheit war die eines für bösartig erklärten Tieres, das gejagt wurde und das aus reinem Zufall den Razzien entkam. Die hartnäckige Angst, meiner Familie entrissen zu werden, hat sich in mir festgesetzt und ein Trauma verursacht, das im Alter wieder wach wird.

Mit der Befreiung Ende 1944 aber geht unser Erinnern völlig auseinander : Was für die jüdischen Überlebenden die Rückkehr zum Recht auf Leben bedeutete und zugleich auch die Entdeckung der

Mais, à la Libération, nos mémoires divergèrent radicalement : ce qui signifia pour les survivants juifs le retour du droit à la vie et, en même temps, la découverte que bien trop nombreux furent ceux qui s'étaient accommodés de cette entreprise de totale éradication, représenta pour Tomi Ungerer le passage d'une barbarie à une autre. Que le retour de la France en Alsace soit perçu, tout entier, et non dans certaines exactions injustifiables, comme un asservissement par un autre « totalitarisme », nous sépare profondément.

Dans ses souvenirs d'enfant pris par la guerre, Tomi Ungerer évoque ainsi le « Waffenmeister », l'armurier, qui en 1940 vint loger au rez-de-chaussée de la maison familiale. Cet homme si poli, si discret, annonça à Frau Ungerer qu'il avait trois fils, dont deux déjà étaient tombés au front, et qu'il était prêt à sacrifier le troisième sur l'autel du Reich. Et, « les yeux voilés d'une nostalgie wagnérienne », il désigna les marronniers postés devant la maison et ajouta : « Le jour viendra où un Juif sera pendu à chaque branche de ces beaux arbres ». Bien plus tard, c'est avec une émotion contenue, une réserve pudique, et d'autant plus poignante, que Tomi Ungerer évoque, dans *Otto*, la tragédie de la Shoa, et celle des autres Allemands qui furent entraînés dans une guerre qui n'était pas la leur...

La quête des traces

Une tâche commune interpelle la mémoire brouillée des Alsaciens et la mémoire angoissée des Juifs : ne pas céder à la tentation de se reposer sur une image de soi par trop complaisante, de se recroqueviller sur une histoire fantasmée. Être Juif, être Alsacien, c'est ne pas avoir de passé simple. Tomi Ungerer est allergique à « l'escargotisme » de ses compatriotes,

Tatsache, dass diejenigen, die sich mit dem Unternehmen Totalausrottung mehr oder weniger arrangiert hatten, nur allzu zahlreich waren, bedeutete für Tomi Ungerer den Übergang von einer Barbarei in die nächste. Die Tatsache, dass Frankreichs Rückkehr ins Elsass insgesamt, und nicht nur in vereinzelten, durchaus nicht zu rechtfertigenden Fällen von grobem Machtmissbrauch, als eine Unterwerfung seitens einer anderen Form des „Totalitarismus" empfunden wurde, trennt uns zutiefst.

In den Erinnerungen eines Kindes, das vom Krieg erfasst wurde, erzählt Tomi Ungerer von dem „Waffenmeister", der 1940 im Erdgeschoss des elterlichen Hauses Quartier nahm. Dieser überaus höfliche, diskrete Mann erklärte Frau Ungerer, dass von seinen drei Söhnen bereits zwei an der Front gefallen seien und dass er bereit sei, den dritten auf dem Altar des Reiches zu opfern. „Die Augen von wagnerianischer Sehnsucht verschleiert" habe er auf die Kastanienbäume vor dem Haus gedeutet und hinzugefügt : „Der Tag wird kommen, an dem an jedem Ast dieser schönen Bäume ein Jude hängt". Viele Jahre später schilderte Tomi Ungerer mit gezügelter Emotion, mit schamvoller und um so ergreifenderer Zurückhaltung im Kinderbuch *Otto,* der Autobiographie eines Teddybären, die Tragödie der Shoa und die jener Deutschen, die in einen Krieg verwickelt wurden, der nicht der ihre war...

Spurensuche

Eine gemeinsame Aufgabe kommt dem verworrenen Gedächtnis der Elsässer und dem verängstigten Gedächtnis der Juden zu : nicht der Versuchung erliegen, sich auf einem allzu selbstgefälligen Bild ihrer selbst auszuruhen, sich nicht in einem imaginären Geschichtsbild einzuigeln. Jude sein, Elsässer sein bedeutet, keine einfache Vergangenheit zu haben. Tomi Ungerer reagiert allergisch auf das „Schneckentum" seiner Landsleute („beim geringsten Problem zieht sich jeder zurück in sein Häuschen"). Etwas großzügiger zeigt er sich dem „Chamäleonismus" gegenüber, da er für die Notwendigkeit, mittels Anpassung zu überleben, die Imperialismen der Geschichte verantwortlich sieht. Es kann jedoch passieren, räumt er ein, dass derjenige,

« au moindre problème, chacun se retire dans sa coquille ». Il montre davantage de complaisance pour le « caméléonisme », mettant sur le compte des impérialismes de l'Histoire la nécessité de survivre en s'adaptant. Il arrive pourtant, reconnaît-il, que celui qui a toujours su « basculer du bon côté » devienne un « lâche » et un complice.

Tomi Ungerer a appris à se méfier de ceux qui cultivent tellement leurs « racines » que les autres s'y prennent les pieds Ce qui l'attire, me semble-t-il, dans la culture juive, c'est qu'elle a pour références « les traces », les marques de l'homme qui chemine, ses tentatives toujours recommencées et ses utopies. Ses « racines », elle les plante dans le ciel.

Une apologie de l'humour, quand même, pour ne pas céder à la haine

Tomi Ungerer a écrit que ce qui le rapproche de l'humour judéo-alsacien, c'est que celui-ci récuse la violence et témoigne d'une culture ou l'espérance bafouée remplace la haine. « Elle est d'une chaleur sans rancune ? Elle est essentiellement humaine et humanisante. » Tomi Ungerer partage ainsi avec les Juifs d'Alsace la tension entre le fait d'être attaché à une terre et une culture natales, de partager la complicité d'une langue et d'un humour, et la nécessité de rompre les amarres et de s'ouvrir au grand large. Il a, dit-il, « la mentalité du Juif errant » qui sait qu'il ne peut pas « s'installer », et « que demain il lui faudra peut-être repartir ».

Il y a un humour commun à Tomi Ungerer et aux Juifs alsaciens, qui vise à subvertir un monde engoncé dans le paraître, rivalisant dans l'ostentation. En même temps, il tente d'ébranler les certitudes massives de ceux qui prétendent posséder « la » vérité. Par son incongruité, il étonne et déconcerte. Cet humour s'en prend à

der immer „auf die richtige Seite gerutscht ist", zum „Feigling", zum Mittäter wird.

Tomi Ungerer hat gelernt, sich vor denjenigen in acht zu nehmen, die ihre „Wurzeln" so sehr pflegen, dass sie für die anderen zur Fußfalle werden. An der jüdischen Kultur, so scheint mir, zieht ihn an, dass ihre Bezugspunkte „die Spuren" sind, die Fußabdrücke des wandernden Menschen, seine stets neu ansetzenden Versuche, seine Utopien. Ihre „Wurzeln" gräbt sie in den Himmel.

Apologie des Humors, trotz allem, um nicht dem Hass anheimzufallen

Tomi Ungerer hat niedergeschrieben, was ihn in die Nähe des jüdisch-elsässischen Humors bringt: die Tatsache, dass dieser die Gewalt ablehnt und von einer Kultur zeugt, in der die betrogene Hoffnung an die Stelle des Hasses tritt. "Sie ist von einer Wärme, die keine Rachsucht kennt? Sie ist vor allem human und humanisierend". Und so teilt Tomi Ungerer mit den elsässischen Juden die Spannung, in der sie leben: Mit einer Heimat und einer heimatlichen Kultur verbunden zu sein, das besondere Einverständnis einer Sprache und eines bestimmten Humors zu teilen, und auf der anderen Seite die Notwendigkeit zu spüren, loszulassen, die Leinen loszumachen und sich auf offene See zu begeben. Er habe, so sagt er, „die Mentalität des ewigen Juden", der weiß, dass er sich nirgendwo "niederlassen" kann, dass er „vielleicht morgen schon wieder aufbrechen muss".

Es gibt eine bestimmte Form des Humors, die Tomi Ungerer mit den elsässischen Juden teilt und die sich zum Ziel setzt, eine im Schein gefangene, sich in großtuerischem Prunk aufreibende Welt satirisch zu untergraben. Zugleich ist er bemüht, die massiven Gewissheiten derjenigen ins Wanken zu bringen, die „die" Wahrheit für sich gepachtet haben. Durch seine Unschicklichkeit versetzt er den Betrachter in Staunen und verunsichert ihn. Dieser Humor nimmt all diejenige ins Visier, die vor Ehrgeiz und Selbstgefälligkeit platzen, die glauben, dass „sie sind, was sie sind". Dem gewollt gemischten jüdisch-elsässischen Ausdruck „Godel Roch und kleiner Hut" (Dicker Kopf und kleiner Hut) entspricht ein Plakat, das Tomi

tous ceux que boursoufle la prétention, qui «croient qu'ils sont ce qu'ils sont». À l'expression judéo-alsacienne, volontairement métissée, de «Godel Roch et petit chapeau» (Grosse tête et petit chapeau), correspond une affiche de Tomi Ungerer a réalisée en 1970 pour le *New Yorker*: quelqu'un arrache le masque d'un clown triste pour découvrir que son visage est devenu la réplique exacte du masque.

L'humour de Tomi Ungerer, qui s'appuie sur une observation d'une grande précision, pervertit le réel, et le détourne de la vocation qui lui est assignée par une logique réductrice et utilitariste. À la solennité ennuyée d'un bulldog devenu garçon de café plastronné, et que trahit la bave qu'il laisse tomber sur la saucisse, correspond chez les Juifs d'Alsace la métaphore qui désigne l'antisémite: «s'Hasserle tseigt sani Fiess» (le petit cochon laisse apparaître ses pattes). Derrière la respectabilité affichée, percent les véritables sentiments.

Célébrer la vie

Le «schlemiel», le guignard des récits juifs alsaciens, celui qui laisse toujours tomber sa tartine du mauvais côté – s'il fabriquait des cercueils en bois, plus personne ne viendrait à mourir dans la «Kélle» (la communauté)... –, ne peut que reconnaître que *Jean de la Lune* est un frère toujours décalé par rapport au désordre des choses: il est assoiffé de tendresse humaine.

Et ce qui nous réunit, Tomi et moi, c'est l'importance que nous attachons à chaque rencontre humaine, c'est la joie que nous procure la découverte, toujours émerveillée, d'une société bigarrée, riche de sa diversité. À Tomi qui me rappelle que chaque entretien est une «fenêtre» ouverte sur l'autre et sur le monde, j'évoque cet enseignement traditionnel

Ungerer 1970 für den *New Yorker* gezeichnet hat: Jemand reißt einem traurigen Clown die Maske vom Gesicht und muss entdecken, dass dieses Gesicht zum genauen Abbild der Maske geworden ist.

Tomi Ungerers Humor, der sich auf überaus präzise Beobachtung stützt, verdreht die Wirklichkeit und entfremdet sie der Aufgabe, die ihr durch eine einengende, reduktionistische, dem reinen Nützlichkeitsprinzip verpflichtete Logik auferlegt wird. Der gelangweilt-steifen Feierlichkeit einer zum Oberkellner gewordenen Bulldogge, die sich dadurch verrät, dass sie auf die Bratwurst sabbert, die sie serviert, entspricht bei den Juden des Elsass jene Metapher, die den Antisemitismus beschreibt: „S'Hasserle tseigt sani Fiess" (das Schweinchen lässt seine Füße sehen). Die zur Schau getragene Ehrbarkeit kann die wahren Gefühle doch nicht verbergen.

Das Leben preisen

Der Schlemiel, der ewige Pechvogel aus den Geschichten der elsässischen Juden, dem das Butterbrot immer auf die falsche Seite fällt – wenn er hölzerne Särge bauen würde, würde in der „Kélle" (der Gemeinde) keiner mehr sterben –, muss im *Hans Guck in die Luft* einen Bruder erkennen, der im Verhältnis zur Unordnung der Dinge immer „daneben steht": Er sehnt sich vor allem nach ein wenig Menschenliebe.

Und was uns verbindet, Tomi und mich, das ist die Bedeutung, die wir jeder menschlichen Begegnung beimessen, das ist die Freude, die uns das immer staunende Entdecken einer bunt gemischten, in ihrer Vielfalt unendlich reichen Gesellschaft bereitet. Wenn Tomi mich daran erinnert, dass jede Unterhaltung ein auf den anderen und auf die Welt offenes „Fenster" ist, so halte ich ihm mit der altüberlieferten jüdischen Lehre den „Spiegel" entgegen, dessen „silbrige Fläche nur unser eigenes Bild zurückwirft."

Die traumatische Erfahrung des Verlassen-Werdens, die Erfahrung, dass Millionen Menschen passiv oder aktiv Ideologien und Systemen zugestimmt haben, die verkündeten, dass bestimmte Menschen des Verbrechens schuldig sind zu existieren, hat in uns eine einmütige Entschlossenheit

juif, qui lui oppose le « miroir » dont la « plaque d'argent ne renvoie que l image de nous-mêmes ». L'expérience traumatisante de l'abandon, de l'adhésion passive ou active de millions d'individus à des idéologies et des systèmes qui décrètent que des hommes sont coupables du seul crime d'exister, a forgé en nous une même détermination : combattre toute apologie de la mort, de célébrer et accueillir la vie – le « 'hajim » (Pour la vie !), c'est là le souhait du Juif d'Alsace qui partage avec vous un petit verre de kirsch.

L'expérience de la totale déréliction a fait de nous des rescapés dont la survie est due, bien souvent, au hasard. Elle nous marque au plus profond de nous-mêmes, elle assombrit nos angoisses, et, en même temps, elle suscite chez l'un comme chez l'autre un désir fou d'amitié, de chaleur humaine, un rêve de fraternité que la barbarie des temps ne saurait entamer.

Une angoisse assumée et dépassée

Certes, nous sommes l un et l'autre « en perpétuelle transhumance avec [notre] troupeau de bêtes noires ». Nous ne pouvons ignorer qu'Hitler est arrivé au pouvoir par les urnes, que l'Alsace, notre port d'attache, est parfois peu apte au bonheur : elle entretient parfois « une révolte butée, atone, qui éclate, ici et là, en spasmes de refus et votes extrémistes » (Paul Boeglin).

Face à l'autruche qui enterre sa tête dans une forme à kougelhopf, il nous faut voir au-delà, et dynamiter par le rire un mode fondé sur l'arrogance des puissants et la violence des racistes. Nous aimons la mer « avec son horizon fixe qui donne un sens de liberté à notre for intérieur », mais nous aimons aussi ces villes cosmopolites qui, comme New York, par leur « pot-au-feu de races et d'identités », ont fructifié nos vies « d'un

geweckt : Jegliche Apologie des Todes muss bekämpft werden, jegliche Form von Leben muss begrüßt und gefeiert werden – „hajim" (Auf's Leben) lautet der Wunsch des elsässischen Juden, der mit uns ein Gläschen Kirschwasser trinkt.

Die Erfahrung der vollkommenen Verlassenheit hat aus uns Davongekommene gemacht, Menschen, deren Überleben in vielen Fällen dem Zufall zu verdanken ist. Sie zeichnet uns in unserem tiefsten Innern, sie verdüstert unsere Ängste, und zugleich bewirkt sie beim einen wie beim andern einen wahnsinnigen Wunsch nach Freundschaft, nach menschlicher Wärme, einen Traum von Brüderlichkeit, dem die Barbarei der Zeiten nichts anzuhaben vermag.

Eine akzeptierte und überwundene Angst

Gewiss, wir sind beide „in einer ewigen Wanderschaft begriffen mit unserer Herde von vermeintlichen und echten schwarzen Schafen". Wir können nicht ignorieren, dass Hitler auf legalem Weg an die Macht kam, dass das Elsass, unser fester Anlegeplatz, sich manchmal als nicht sehr tauglich für das Glück erweist : Es unterhält zuweilen „eine störrische, schlaffe Aufmüpfigkeit, die hie und da zum Ausbruch kommt, anfallweise, in Form von extremistischen Stimmen bei den Wahlen." (Paul Boeglin)

Anders als der Vogel Strauß, der den Kopf in eine Gugelhupfform steckt, müssen wir über den Rand hinaus blicken und mit Hilfe des Lachens einen Lebensmodus sprengen, der auf der Arroganz der Mächtigen und der Gewalt der Rassisten gründet. Wir lieben das Meer, „das mit seinem festen Horizont uns Freiheitssinn schenkt", aber wir lieben auch jene Metropolen, die wie New York mit ihrem Völkergemisch, ihrem „Eintopf von Rassen und Identitäten" unsere Leben um „einen ebenso schwarzen wie weißen, einen ebenso jüdischen wie angelsächsischen Humor" bereichert haben. Durch ihren subversiven Geist, aber auch durch ihren Sinn fürs Burleske versöhnen Tomi Ungerers Bilderbücher Groß und Klein, denn sie erzeugen ein gemeinsames Gelächter : Die verdreht-versponnene Phantasie sprengt die dröge Wirklichkeit. Der aufwieglerische, respektlose Humor dieses elsässischen „Wackes",

humour aussi noir que blanc, aussi juif qu'anglo-saxon». Les albums de Tomi Ungerer, par leur esprit subversif, et aussi par leur sens du burlesque, réconcilient en un rire partagé petits et grands : l'imaginaire farfelu dynamite le réel. L'humour frondeur, irrespectueux de ce «Wackes», ce garnement espiègle, est proche du sourire malicieux des Vierges folles, en même temps qu'il mime la gravité compassée des Vierges sages.

Nous sommes proches l'un et l'autre des exilés et des réfugiés qui «tiennent toujours des propos déplacés». Confrontés à l'arrogance et au mépris, nous cédons parfois au pessimisme, allant jusqu'à affirmer que «les étoiles sont des lampes de poche avec lesquelles les âmes se promènent dans le firmament. Tel Diogène, qui se promènerait à la lumière du jour avec une bougie, elles cherchent l'impossible : une âme honnête».

Et puis, bien décidés à «battre l'enfer tant qu'il est chaud», nous avons recours à «un humour corrosif pour ne pas rouiller».

Freddy Raphaël

Professeur de sociologie
à l'Université Marc-Bloch de Strasbourg

Texte tiré du supplément n°246 des *Dernières Nouvelles d'Alsace*, du 18 octobre 2001, écrit à l'occasion du 70e anniversaire de Tomi Ungerer. Texte revu et augmenté le 17 juillet 2007.

dieses großen Lausbuben, ist dem schelmischen Lächeln der törichten Jungfrauen nicht unähnlich, zugleich aber mimt er den gravitätischen Ernst der klugen Jungfrauen.

Beide sind wir den Flüchtlingen und den Ausgewanderten nah, die in ihren Äußerungen immer „neben der Spur sind". Wenn wir mit Arroganz und Verachtung konfrontiert werden, geben wir uns manchmal dem Pessimismus hin. Dann behaupten wir sogar, dass „die Sterne Taschenlampen sind, mit denen die Seelen im Himmel herumspazieren. Wie Diogenes, der am helllichten Tag mit einer Kerze herumwandern würde, sind sie auf der Suche nach dem Unmöglichen : nach einer ehrlichen Seele".

Und dann, wild entschlossen „das Eisen zu schmieden solange die Hölle heiß ist", greifen wir zurück auf einen „ätzenden Humor, auf dass wir selbst nicht verrosten".

Freddy Raphaël

Professor für Soziologie an der
Universität Marc-Bloch in Straßburg

Aus der Beilage Nr. 246 zur Tageszeitung *Dernières Nouvelles d'Alsace* vom 18. Oktober 2001, zum 70. Geburtstag von Tomi Ungerer. Überarbeitet und erweitert am 17. Juli 2007.

Une partie de la collection de Tomi Ungerer déposée au Conseil Général du Bas-Rhin évoque la propagande et l'enfance pendant la Seconde Guerre mondiale.

Ein Teil der von Tomi Ungerer beim Conseil Général du Bas-Rhin deponierten Sammlung schildert die Propaganda und die Kindheit während des Zweiten Weltkrieges.

Histoire de se souvenir

La Collection de Tomi Ungerer (1914-1918 / 1939-1945)

Exposition réalisée par le Conseil Général du Bas-Rhin
Commissariat : Bénédicte Mathey, Chargée de mission, Assistante qualifiée de conservation du patrimoine
Communication Conseil Général du Bas-Rhin : Olivier Gathy, Responsable de la Communication externe
Chargée de communication : Marta Przezdziecka-Jacque
Traduction pour la communication : Marina Mailleret
Montage exposition et fond sonore : Équipe technique de Christian Cœur, Patrick Holderith
Scénographie et montage : Nathalia Moutinho
Traductions pour l'allemand et le français : Irène Kuhn
Fond sonore : Lagoona
Lectrice pour l'allemand : Sylvie Velten

Sammeln gegen das Vergessen :

aus dem Fundus von Tomi Ungerer (1914-1918 / 1939-1945)

Ausstellung unter der Schirmherrschaft des Conseil Général du Bas-Rhin
Kuratorin : Bénédicte Mathey
Kommunikation beim Conseil Général du Bas-Rhin : Olivier Gathy, Direktor der Abteilung für externe Kommunikation
Beauftragte für die Kommunikation : Marta Przezdziecka-Jacque
Übersetzung Kommunikation : Marina Mailleret
Aufbau der Ausstellung, Tondokumente, Hintergrundmusik : technisches Team von Christian Cœur und Patrick Holderith
Szenographie und Aufbau : Nathalia Mouthino
Deutsche und französiche Übersetzungen : Irène Kuhn
Musikalische Untermalung, Hintergrundmusik : Lagoona
Deutsche Lektorin : Sylvie Velten

Liste des pièces exposées

Sauf indication contraire, les pièces suivantes sont déposées par Tomi Ungerer au Conseil Général du Bas-Rhin.

Introduction

Perry KRETZ, *Sans titre,* Tomi Ungerer présentant sa collection de petits soldats, photographie prise au Canada, juin 1973. Prêt du Musée Tomi Ungerer – Centre international de l'Illustration, Strasbourg.

SECTION 1

Propagande et enfance

Winterhilfswerk, Manufaktur Augarten-Vienne, série de neuf oiseaux, porcelaine peinte et métal, sans lieu, 1942.

Trois petits soldats de l'armée allemande, terre cuite peinte sur fil de métal, sans lieu, sans date.

Winterhilfswerk, Betriebe der sächsischen und sudetendeutschen Kunstblumen-Industrie, série de dix plantes, impression sur carton et métal recouvert de tissu verni, sans lieu, 1942.

LINEOL GERMANIA, *Modèle réduit d'avion Stuka Junkers JU 87 avec cinq personnages et une jeep conduite par un soldat,* polymère peint, sans lieu, sans date [ce type d'avion Stuka était en service entre 1937 et jusqu'à la fin 1943]. Collection privée de Tomi Ungerer.

Winterhilfswerk et Theo Matejko ; Winterhilfswerk, Presse-Hoffmann, Presse-Bild-Zentrale, Weltbild GmbH ; Winterhilfswerk, Theo Matejko et P.K. Perchmeier, série de quatre livrets miniatures de jeunes héros de la guerre, impression sur papier cartonné et impression sur papier, sans lieu, sans date.

Irene RHEIN, *Kriegstagebuch, 1944*, Ill-Hauptschule Klasse 3a I, Illkirch, 1944.

Unsere Wehrmacht. Tagebuch der deutschen Jugend, sans lieu, 1941.

Arnold LITTMANN, *Herbert Norkus und die Hitlerjugend vom Beusselkietz. Nach dem Tagebuch des Kameradschaftsführer Gerd Mondt und nach Mitteilungen der Familie (Manuscrit J. Kriegesmann)*, Steuben Verlag, Berlin 1934.

Winterhilfswerk, *Das Deutsche Lied*, série de six livrets miniatures de chants, impression sur papier cartonné, impression sur papier et fil de coton, sans lieu, octobre 1942.

Anonyme, *Sans titre*, Tomi Ungerer photographié au garde-à-vous, en petit soldat français, Logelbach ?, 1941.

Tomi UNGERER, *Sans titre,* cartes à jouer pour « Le Schwarze Peter » ou « Le Chat noir », fac-similé [original conservé au Musée Tomi Ungerer – Centre international de l'Illustration, Strasbourg], 1944 ou 1945.

Tomi UNGERER, *Sans titre*, Hitler faisant le salut nazi à une tribune, crayon sur papier cartonné, 1944.

Liste der ausgestellten Objekte

Falls kein anderer Hinweis erfolgt, wurden folgende Objekte von Tomi Ungerer beim Conseil Général du Bas-Rhin deponiert.

Einleitung

Perry KRETZ, *Ohne Titel,* Tomi Ungerer stellt seine Sammlung kleiner Soldaten vor, fotografiert in Kanada, Juni 1973. Leihgabe des Museums Tomi Ungerer – Centre international de l'Illustration, Straßburg.

SEKTION 1

Propaganda und Kindheit

Winterhilfswerk, Manufaktur Augarten / Wien ; neun Vögel, bemaltes Porzellan und Metall, ohne Ortsangabe, 1942.

Drei kleine Soldaten der Wehrmacht, gebrannter Ton auf Draht, ohne Ortsangabe, ohne Datum.

Winterhilfswerk, Betriebe der sächsischen und sudetendeutschen Kunstblumen-Industrie, zehn Pflanzen, auf Pappe und mit lackiertem Stoff bezogenem Metall gedruckt, ohne Ortsangabe, 1942.

LINEOL GERMANIA, *Modell einer Stuka Junkers JU 87 mit fünf Figuren und einem Jeep, der von einem Soldaten gesteuert wird,* bemalter Kunststoff, ohne Ortsangabe, ohne Datum [Dieser Flugzeugtyp war seit 1937 und bis Ende 1943 im Einsatz]. Privatsammlung Tomi Ungerer.

Winterhilfswerk und Theo Matejko ; Winterhilfswerk, Presse Hoffmann, Presse-Bild-Zentrale, Weltbild GmbH ; Winterhilfswerk, Theo Matejko und P.K. Perchmeier, vier Miniaturbüchlein von jungen Kriegshelden, auf kartoniertem Papier und Papier gedruckt, ohne Ortsangabe, ohne Datum.

Irene RHEIN, *Kriegstagebuch, 1944,* Ill-Hauptschule, Klasse 3a I, Illkirch, 1944.

Unsere Wehrmacht. Tagebuch der deutschen Jugend, ohne Ortsangabe, 1941.

Arnold LITTMANN, *Herbert Norkus und die Hitlerjugend vom Beusselkietz. Nach dem Tagebuch des Kameradschaftsführer Gerd Mondt und nach Mitteilungen der Familie (Manuskript J. Kriegesmann)*, Steuben Verlag, Berlin, 1934.

Winterhilfswerk, *Das Deutsche Lied*, sechs Miniaturliederbücher, Druck auf kartoniertem Papier, Fadenheftung, ohne Ortsangabe, Oktober 1942.

Anonym, *Ohne Titel*, Tomi Ungerer als kleiner französischer Soldat in Habachtstellung fotografiert, Logelbach ?, 1941.

Tomi UNGERER, *Ohne Titel,* Spielkarten für den „Schwarzen Peter" oder die „Schwarze Katze", Facsimile [Das Original befindet sich im Musée Tomi Ungerer – Centre international de l'Illustration, Straßburg], 1944 oder 1945.

Tomi UNGERER, *Ohne Titel*, Hitler, auf einer Tribüne, den Nazigruß ausführend, Bleistift auf kartoniertem Papier, 1944.

Winterhilfswerk, Karl Hobrecker, Koser Michaëls, *Alte deutsche Volksmärchen*, sechs Miniaturbüchlein, Märchen nach den

Winterhilfswerk, Karl Hobrecker, Koser-Michaëls, *Alte deutsche Volksmärchen*, série de six livrets miniatures de contes d'après Grimm, impression sur papier cartonné, impression sur papier et fil de coton, Berlin/Munich/Reichenbach/Vienne et Zwickau, novembre 1941.

Winterhilfswerk, série de trois monuments, verre coloré et fil de coton, sans lieu, septembre 1942.

Georges SPITZMULLER, «L'as des projecteurs» *in* Collection «Patrie», n°145, Éditions Rouff, Paris, années 1920.

Prise de Mulhouse 1914, carte postale, entre 1914 et 1918.

Gloria, *La Marseillaise*, carte postale, années 1920.

Chambre syndicale française des Éditions de la carte postale illustrée, J.M. (édit.), *Je le touche mais n'ose croire encore que c'est le drapeau français tricolore*, carte postale, années 1920.

A.Y.O.E (édit.), *Accepte, mon Papa de ton très cher enfant, caresses et baisers envoyés tendrement*, carte postale, entre 1914 et 1918.

Paul DÉROULÈDE, *Monsieur le Hulan et les Trois Couleurs. Conte de Noël*, A. Lahure, C. Marpond & E. Flammarion, Paris, 1884 (?). Prêt du Musée Tomi Ungerer – Centre international de l'Illustration, Strasbourg

Heinrich HOFFMANN, *Jugend um Hitler*, Verlag Heinrich Hoffmann, Berlin, 1934.

HOFFMANN (édit.), *Der Führer als Tierfreund*, carte postale, années 40.

HOFFMANN (édit.), *Der Reichskanzler Adolf Hitler in den geliebten Bergen*, carte postale, entre 1933 et 1938.

Willi KÖRBER, *Das ist die HJ*, Deutscher Jugendverlag GmbH, Berlin, sans date.

SECTION 2
Les allées et venues identitaires ou l'art du «caméléonisme»

Tomi UNGERER, *Lettre manuscrite*, crayon sur papier, Logelbach, 24 juin 1944.

Abbé LESTER et H. GUILLEMAIN, *Histoire de France. Cours élémentaire (classes de 8e et 9e)*, Librairie L'École, Paris, 1938.

P. KAEPPELIN et A. LEYRITZ, *Géographie. Cours élémentaire et 1re année de cours moyen. Classe de 8e des lycées et collèges*, A. Hatier, Paris, 1938?

S. BLIN; R. THABAULT et H. YVON, *Mon premier livre de français. Images en couleurs de Ray Lambert*, Librairie Delagrave, Paris, 1940.

Tomi UNGERER, *Sans titre*, Soldat français, crayon sur papier, années 1940.

Tomi UNGERER, *Sans titre*, Caricature d'un Allemand, crayon, gouache et peinture argentée sur papier, 1943.

Johannes EILEMANN; Walther GEHL; Walther JANTZEN; Luise von RAUMER; Alfred SCHMIDT et Emil WITTIG, *Hirts Deutsches Lesebuch, zweiter Teil: Klasse 2, Ausgabe A: Oberschulen für Jungen und Gymnasien*, Ferdinand Hirt, Breslau, 1939.

Gebrüdern Grimm, Druck auf kartoniertem Papier, Druck auf Papier, Fadenheftung, Berlin/München/Reichenbach/Wien und Zwickau, November 1941.

Winterhilfswerk, Drei Denkmäler, Buntglas und Baumwollfaden, ohne Ortsangabe, September 1942.

Georges SPITZMULLER, «L'as des projecteurs» („Das As der Scheinwerfer"), *Collection Patrie (Sammlung „Patrie")*, Nr. 145, Éditions Rouff, Paris, zwanziger Jahre.

Die Eroberung von Mühlhausen 1914, Postkarte, zwischen 1914 und 1918.

Gloria, *La Marseillaise*, Postkarte, zwanziger Jahre.

Französische Berufsgenossenschaft der Ansichtskarten-Verlage, J.M. Verlag, *Ich berühre sie, aber ich wage es noch nicht zu glauben, dass es die französische Trikolore ist*, Postkarte, zwanziger Jahre.

A.Y.O.E. (Verlag), *Nimm, lieber Papa, von deinem geliebten Kind diese mit Zärtlichkeit gesendeten Küsse*, Postkarte, zwischen 1914 und 1918.

Paul DÉROULÈDE, *Monsieur le Hulan et les Trois Couleurs. Conte de Noël (Monsieur le Hulan und die Drei Farben. Weihnachtsmärchen)*, A. Lahure, C. Marpond & E. Flammarion, Paris, 1884 (?). Leihgabe des Musée Tomi Ungerer – Centre international de l'Illustration, Straßburg.

Heinrich HOFFMANN, *Jugend um Hitler*, Verlag Heinrich Hoffmann, Berlin, 1934.

HOFFMANN Verlag, *Der Führer als Tierfreund*, Postkarte, vierziger Jahre.

HOFFMANN Verlag, *Der Reichskanzler Adolf Hitler in den geliebten Bergen*, Postkarte, zwischen 1933 und 1938.

Willi KÖRBER, *Das ist die HJ*, Deutscher Jugendverlag GmbH, Berlin, ohne Datum.

SEKTION 2
Identitätenwechsel oder die Fähigkeit zur Anpassung

Tomi Ungerer, *handschriftlicher Brief*, Bleistift auf Papier, Logelbach, 24. Juni 1944.

Abbé LESTER und H. GUILLEMAIN, *Histoire de France. Cours élémentaire (classes de 8e et 9e) (Französische Geschichte, 3. und 4. Klasse)*, Librairie L'École, Paris, 1938.

P. KAEPPELIN und A. LEYRITZ, *Géographie. Cours élémentaire et 1re année de cours moyen. Classe de 8e des lycées et collèges, (Landeskunde. 1. und 2. Klasse Volkschule. Vorstufe Gymnasium)* A. Hatier, Paris, 1938?

S. BLIN; R. THABAULT und H. YVON, *Mon premier livre de français. Images en couleurs de Ray Lambert, (Mein erstes Französisch-Buch. Mit farbigen Illustrationen von Ray Lambert)* Librairie Delagrave, Paris, 1940.

Tomi UNGERER, *Ohne Titel*, Französischer Soldat, Bleistift auf Papier, vierziger Jahre.

Tomi UNGERER, *Ohne Titel*, Karikatur eines Deutschen, Bleistift, Wasserfarben und Silberfarbe auf Papier, 1943.

Johannes EILEMANN; Walther GEHL; Walther JANTZEN; Luise von RAUMER; Alfred SCHMIDT und Emil WITTIG, *Hirts Deutsches*

Walther JANTZEN, *E. von Sendlitzsche Erdkunde für höhere Schulen. Klasse 8. Achter Teil : Das Reich des Führers*, Ferdinand Hirt, Breslau, 1941.

Chef der Zivilverwaltung im Elsaß, *Rechenbuch für die Volksschulen im Elsaß 1940, 3. und 4. Schuljahr*, Konkordia, Bühl-Baden, 1940.

Chef der Zivilverwaltung im Elsaß, *Lesebuch für die Volksschulen im Elsaß 1940, 3. und 4. Schuljahr,* Druck von Moritz Schauenburg, Lahr, 1941.

Tomi UNGERER, *Sans titre,* scène allégorique, crayon, encre et gouache sur papier, 1943.

Luzian SITTLER, *Das frühe Elsass ; Bilder aus einem Jahrtausend oberrheinischer Geschichte. Oberrheinische Jugendbücherei, Heft 1*, Éditions Alsatia, Colmar, 1942.

Tomi UNGERER, *Sans titre,* Officier du bataillon de Choc de l'armée française de libération de Colmar, crayon sur papier, 1945.

Paul VOGEL et Waldemar HALFMANN, *„Das deutsche Reich von 900-1648". Band 3* in *Volk und Führer. Deutsche Geschichte für Schulen. Ausgabe für Oberschulen und Gymnasien,* Deutscher Schulverlag, Berlin, 1944.

Tomi UNGERER, *Sans titre,* Soldat américain rechargeant son arme, crayon sur papier, 1945.

L. PASTOURIAUX ; E. LE BRUN et S. BLIN, *Mon premier livre de leçons de choses. Cours élémentaire. Première année. Images en couleurs de Pierre Portelette*, Librairie Delagrave, Paris, 1945.

R. JOLLY, *En riant. La lecture sans larmes. Troisième Livret. Cours préparatoire*, Fernand Nathan, Paris, 1945.

Ministre de la Guerre et Ministre de la Marine, *Armée de Terre et Armée de Mer. Ordre de mobilisation générale,* affiche, impression sur papier, Paris, 1914.

P. SAINTURAT et les Forces Françaises d'Intervention Armée (FFIA), *Hinaus mit dem Schwowe Plunder [Dehors avec le bric-à-brac allemand]*, affiche, impression lithographique, sans lieu, 1944 ?

HANSI, *Jetz awer nüss ! [Maintenant, ça suffit, dehors !]*, affichette, impression lithographique, Colmar, 1945.

VOGESIA, *La fille du tambour major*, livret illustré de l'opérette d'Offenbach, Imprimerie Alsacienne Fischbach, Strasbourg, 1904.

Lucien BOYER, BONNET et LÉVY, *La guerre en chansons. Répertoire de Jane Pierly « Notre Blonde ». Chanté par Anne Fara de l'Eldorado*, Lucien Boyer, Paris, entre 1914 et 1918.

Louis BOUSQUET et Henry MAILFAIT, *Répertoire Bach. « Avec Bidasse ». Chansonnette comique créée par Polin Bach à l'Eldorado*, Louis Bousquet, Paris, 1914.

J. MERCKY, *La Marseillaise alsacienne,* Th. Roser, Colmar, 1918.

Ville de Brumath, *Grand Cortège historique. Fête de la libération de l'Alsace-Lorraine,* affiche, impression sur papier, Imprimerie Alsacienne anciennement G. Fischbach, Strasbourg, 1918.

Club Vosgien, Section de Schirmeck-Labroque-Rothau, *Concert de musique de chambre*, impression sur papier, 1925.

Philharmonie de la Ville de Strasbourg, *Programme – Saison 1922/23*, impression sur papier, Strasbourg, 1922.

Théâtre municipal de Strasbourg, *Programme*, impression sur papier

***Lesebuch, zweiter Teil : Klasse 2, Ausgabe A : Oberschulen für Jungen und Gymnasien*, Ferdinand Hirt, Breslau, 1939.**

Walther JANTZEN, *E. von Sendlitzsche Erdkunde für höhere Schulen. Klasse 8. Achter Teil : Das Reich des Führers*, Ferdinand Hirt, Breslau, 1941.

Chef der Zivilverwaltung im Elsaß, *Rechenbuch für die Volksschulen im Elsaß 1940, 3. und 4. Schuljahr*, Konkordia, Bühl-Baden, 1940.

Chef der Zivilverwaltung im Elsaß, *Lesebuch für die Volksschulen im Elsaß 1940, 3. und 4. Schuljahr,* Druck von Moritz Schauenburg, Lahr, 1941.

Tomi UNGERER, *Ohne Titel,* allegorische Szene, Bleistift, Tinte und Wasserfarben auf Papier, 1943.

Luzian SITTLER, *Das frühe Elsass ; Bilder aus einem Jahrtausend oberrheinischer Geschichte. Oberrheinische Jugendbücherei, Heft 1*, Alsatia Verlag, Kolmar, 1942.

Tomi UNGERER, *Ohne Titel,* Offizier des Sturmbataillons der französischen Befreiungsarmee, Befreiung von Kolmar, Bleistift auf Papier, 1945.

Paul VOGEL und Waldemar HALFMANN, *„Das deutsche Reich von 900-1648". Band 3* in *Volk und Führer. Deutsche Geschichte für Schulen. Ausgabe für Oberschulen und Gymnasien,* Deutscher Schulverlag, Berlin, 1944.

Tomi UNGERER, *Ohne Titel,* Amerikanischer Soldat, seine Waffe nachladend, Bleistift auf Papier, 1945.

L. PASTOURIAUX ; E. LE BRUN und S. BLIN, *Mon premier livre de leçons de choses. Cours élémentaire. Première année. Images en couleurs de Pierre Portelette, (Mein erstes Naturkundebuch. Mit farbigen Illustrationen von Pierre Portelette)*, Librairie Delagrave, Paris, 1945.

R. JOLLY, *En riant. La lecture sans larmes. Troisième Livret. Cours préparatoire (Lachend. Lesen ohne Tränen. Drittes Buch. 1. Klasse)*, Fernand Nathan, Paris, 1945.

Kriegsminister und Marineminister, *Armée de Terre et Armée de Mer. Ordre de mobilisation générale (Befehl zur Allgemeinen Mobilmachung),* Plakat, Druck auf Papier, Paris, 1914.

P. SAINTURAT und die „Forces Françaises d'Intervention Armée (FFIA)", *Hinaus mit dem Schwowe Plunder,* Plakat, Lithographischer Druck, ohne Ortsangabe, 1944 ?

HANSI, *Jetz awer nüss ! [Jetzt aber raus !]*, kleinformatiges Plakat, Lithographischer Druck, Colmar, 1945.

VOGESIA, *Die Tochter des Tambourmajor*, Libretto der Operette von Jacques Offenbach, illustriert, Imprimerie Alsacienne Fischbach, (elsässische Druckerei Fischbach), Straßburg, 1904.

Lucien BOYER, BONNET et LÉVY, *La guerre en chansons. Répertoire de Jane Pierly « Notre Blonde ». Chanté par Anne Fara de l'Eldorado, [Der Krieg in Chansons. Repertoire von Jane Pierly „Notre Blonde". Gesungen von Anne Farla, Eldorado.* Lucien Boyer, Paris, zwischen 1914 und 1918.

Louis BOUSQUET und Henry MAILFAIT, *Répertoire Bach. « Avec Bidasse ». („Mit dem Soldaten Bidasse") Komisches Chansonnette, von Polin Bach im Eldorado uraufgeführt*, Louis Bousquet, Paris, 1914.

J. MERCKY, *La Marseillaise alsacienne (Die elsässische Marseillaise),* Th. Roser, Kolmar, 1918.

Stadt Brumath, *Großer historischer Umzug. Fest der Befreiung von Elsaß-Lothringen,* Plakat, Druck auf Papier, Imprimerie Alsacienne, ehemals Fischbach, Straßburg, 1918.

cartonné, Imprimerie Alsacienne Fischbach, Strasbourg, 1921.

Theater der Stadt Straßburg, *Spielzeit 1941/42*, impression sur papier bristol, Straßburger Neueste Nachrichten, Strasbourg, 1941.

Theater der Stadt Straßburg, *Bohème*, impression sur papier, Strasbourg, 1942.

Theater der Stadt Straßburg, *Kammerkonzert*, impression sur papier, Strasbourg, 1943.

Theater der Stadt Straßburg, *Siegfried*, impression sur papier, Strasbourg, 1943.

Theater der Stadt Strassburg, *Carmen*, impression sur papier, Strasbourg, 1944.

Philharmonie de la Ville de Strasbourg, *Grand concert de bienfaisance*, impression sur papier, Strasbourg, 1945.

Édition des Services d'Information ; Vice-Présidence du Conseil et Imprimerie Régionale, *Agenda de la France nouvelle*, agenda pour l'année 1941, Imprimerie du Centre, Toulouse, 1940.

Oberrheinischer Gauverlag und Druckerei GmbH Straßburg, *Oberrheinischer Gaukalender 1944*, Straßburger Neueste Nachrichten, Strasbourg, 1943.

Stadt Straßburg, *Fleisch. Tageskarte*, impression sur papier, Strasbourg, 1917.

Reichsland Elsaß-Lothringen, *Reichsfleischkarte für ein Kind*, impression sur papier, sans lieu, 1917.

Stadt Straßburg, *Spezereikarte für Schiffer*, impression sur papier, Strasbourg, 1917.

Stadt Straßburg, *Kinder-Butter, Zucker-Karte*, impression sur papier, Strasbourg, 1918.

Ville de Strasbourg, *Carte de beurre et de sucre*, impression sur papier, Strasbourg, 1919.

Ville de Strasbourg, *Carte de pain*, impression sur papier, Strasbourg, sans date.

République française, *Feuille trimestrielle de coupons d'alimentation*, impression sur papier, corde, métal et papier kraft, Paris, 4e trimestre de 1948.

PIERREY (Modèle déposé), *Portefeuille pour coupons d'alimentation*, impression sur carton, plastique, papier bleu et fil de coton, sans lieu, sans date.

Marcel WEILL, mandataire de la Ligue démocratique des droits de l'homme pour la ville et l'arrondissement de Colmar, *Citoyens de Colmar et des environs !*, tract bilingue français-allemand, impression sur papier glacé, Colmar, vers 1918.

Anonyme, *Le Propriétaire de cette Maison est FRANÇAIS*, pancarte, impression couleurs sur papier cartonné, Imprimerie Alsacienne (Fischbach), Strasbourg, après 1918.

Anonyme, *Français !! N'oubliez jamais ce qu'ont fait les Allemands à la France (...)*, affichette, impression sur papier, Imprimerie de La Liberté (V. Simart), Paris, après 1918.

Deutsches Reich, *Ahnenpass*, National-Verlag „*Westfalia*", Hans August Rumpf, Dortmund, après 1935.

Gaupropagandaamt, *Zwei Jahre nationalsozialistischer Aufbau im*

Club Vosgien/Vogesenclub, Sektion von Schirmeck-Labroque-Rothau, *Concert de musique de chambre (Kammerkonzert)*, Druck auf Papier, 1925.

Philharmonie der Stadt Straßburg, *Programm – Saison 1922/23*, Druck auf Papier, Straßburg, 1922.

Theater der Stadt Straßburg, *Programm*, Druck auf kartoniertem Papier, Imprimerie Alsacienne Fischbach, Straßburg, 1921.

Theater der Stadt Straßburg, *Spielzeit 1941/42*, Druck auf Bristiolkarton, Straßurger Neueste Nachrichten, Straßburg, 1941.

Theater der Stadt Straßburg, *Bohème*, Druck auf Papier, Straßburg, 1942.

Theater der Stadt Straßburg, *Kammerkonzert*, Druck auf Papier, Straßburg, 1943.

Theater der Stadt Straßburg, *Siegfried*, Druck auf Papier, Straßburg, 1943.

Theater der Stadt Straßburg, *Carmen*, Druck auf Papier, Straßburg, 1944.

Philharmonie der Stadt Straßburg, *Grand concert de bienfaisance (Großes Wohltätigkeitskonzert)*, Druck auf Papier, Straßburg, 1945.

Édition des Services d'Information ; Vice-Présidence du Conseil et Imprimerie Régionale, *Agenda de la France nouvelle (Kalender des Neuen Frankreich)*, Kalender für das Jahr 1941, Imprimerie du Centre, Toulouse, 1940.

Oberrheinischer Gauverlag und Druckerei GmbH Straßburg, *Oberrheinischer Gaukalender 1944*, Straßburger Neueste Nachrichten, Straßburg, 1943.

Stadt Straßburg, *Fleisch. Tageskarte*, Druck auf Papier, Straßburg, 1917.

Reichsland Elsaß-Lothringen, *Reichsfleischkarte für ein Kind*, Druck auf Papier, ohne Ortsangabe, 1917.

Stadt Straßburg, *Spezereikarte für Schiffer*, Druck auf Papier, Straßburg, 1917.

Stadt Straßburg, *Kinder-Butter, Zucker-Karte*, Druck auf Papier, Straßburg, 1918.

Stadt Straßburg, *Butter- und Zuckerkarte*, Druck auf Papier, Straßburg, 1919.

Stadt Straßburg, *Brotkarte*, Druck auf Papier, Straßburg, ohne Datum.

République française / Französische Republik, *Quartalskarte für Lebensmittelmarken*, Druck auf Papier, Schnur, Metall und Packpapier, Paris, 4. Quartal 1948.

PIERREY (eingetragenes Markenzeichen), *Einsteckheft für Lebensmittelmarken*, Druck auf Karton, Kunststoff, blaues Papier, Fadenheftung, ohne Ortsangabe, ohne Datum.

Marcel WEILL, Beauftragter der Demokratischen Liga für Menschenrechte für die Stadt und den Wahlkreis Kolmar, *Citoyens de Colmar et des environs ! (Bürger von Kolmar und Umgebung !)*, zweisprachiges Flugblatt, deutsch-französisch, Druck auf Glanzpapier, Kolmar, circa 1918.

Anonym, *Le Propriétaire de cette Maison est FRANÇAIS, (Der Besitzer dieses Hauses ist FRANZOSE)* Schild, Farbdruck auf kartoniertem Papier, Imprimerie Alsacienne (Fischbach), Straßburg, nach 1918.

Anonym, *Français !! N'oubliez jamais ce qu'ont fait les Allemands à la France (...) [Franzosen !! Vergesst nie, was die Deutschen Frankreich angetan haben (...)]*, kleinformatiges Plakat, Druck auf Papier, Imprimerie de La Liberté (V. Simart), Paris, nach 1918.

Deutsches Reich, *Ahnenpass*, National-Verlag „Westfalia", Hans August Rumpf, Dortmund, nach 1935.

Gaupropagandaamt, *Zwei Jahre nationalsozialistischer Aufbau im Elsass*, Oberrheinischer Gauverlag und Druckerei GmbH, ohne Ortsangabe, 1942.

Elsass, Oberrheinischer Gauverlag und Druckerei GmbH, sans lieu, 1942.

XIM, *Gnade und Ehre ist es Deutscher zu sein!* [*C'est une bénédiction et un honneur d'être Allemand!*], affiche, impression lithographique, sans lieu (Metz?), 1940.

Anonyme, *Elsässer, sprecht Eure deutsche Muttersprache!* [*Alsaciens, parlez votre langue maternelle allemande!*], carton de table, impression sur carton, sans lieu, sans date.

Der Chef der Zivilverwaltung im Elsaß, *Elsässer, die Front ruft euch!* [*Alsaciens, le front vous appelle!*], Oberrheinischer Gauverlag und Druckerei GmbH, Straßburger Neueste Nachrichten, Strasbourg, 1942.

Les Malgré-nous campagne 1939-1945, attestation d'enrôlement de force au nom de Alphonse Goutte, Et. JOSSE, Paris, après 1945.

Tomi UNGERER, *Sans titre,* Officier du RAD, le Reichsarbeitsdienst, le Service du travail obligatoire du Reich, crayon sur papier, 1945.

Celia LOWENSTEIN, *La sombre séduction du fascisme. Tomi Ungerer,* 1996. Film de 51 mn, diffusé sur la chaîne de télévision *Planète* (© Pandora's Box Productions/Planete for Channel 4) en VOST anglais-français et traduit en allemand par Marina Mailleret.

SECTION 3
Laissez parler les petits papiers

Robert LOURSON, «*Ici Londres! La B.B.C. pendant la guerre*» in Collection «Patrie». Complet illustré. Éditions Rouff, n°67, Paris, juillet 1948.

Anonyme, *Fliegende Nullen! Keener regt sich drüber uff – über diesen Hitlerbluff,* tract, impression sur papier, sans lieu, sans date (après le 13 juin 1944).

Anonyme, *Adolf, ich bitte dich nochmals inständig: Wir sollten Berlin zur offenen Stadt erklären!,* tract, impression sur papier, sans lieu, sans date (entre fin 1943 et 1944?).

Anonyme, Mit nachtwandlerischer Sicherheit führt »ER« Deutschland dem Abgrund zu...!, tract, impression sur papier, sans lieu, sans date.

Anonyme, *Sein 1000 jähriges Reich stürzt ein..!,* tract, impression sur papier, sans lieu, sans date.

Anonyme, *Volkskrieg/Friss Vogel oder – stirb!,* tract, impression sur papier, sans lieu, sans date.

Anonyme, *Erschlagt diesen tollen Hund und das Land ist frei..!,* tract, impression sur papier, sans lieu, sans date.

Anonyme anglais, *Le Gaby «Surprise»* («To find a fifth one fold as indicated» [Pour en trouver un cinquième, pliez comme il est indiqué]), pliage, facsimilé, sans lieu, sans date.

Anonyme, *Trotz dieser Drohung - - Wird doch die Freiheit kommen..!,* tract, impression sur papier, sans lieu, sans date.

Anonyme, *„Ein sanfter Tod ist mir beschieden",/ Sprach Himmler, „Wenn Vergleich ich heut, / Wie grausam ich es hab' getrieben"... / Das Volk flucht ihm in Ewigkeit...,* tract, impression sur papier, sans lieu, sans date.

XIM, *Gnade und Ehre ist es Deutscher zu sein!* Plakat, Lithographischer Druck, ohne Ortsangabe, (Metz?), 1940.

Anonym, *Elsässer, sprecht Eure deutsche Muttersprache!* Tischkarte, Druck auf Karton, ohne Ortsangabe, ohne Datum.

Der Chef der Zivilverwaltung im Elsaß, *Elsässer, die Front ruft euch!,* Oberrheinischer Gauverlag und Druckerei GmbH, Straßburger Neueste Nachrichten, Straßburg, 1942.

Die Malgré-nous-Kampagne 1939-1945, Bestätigung über Zwangsrekrutierung auf den Namen Alphonse Goutte, Et. JOSSE, Paris, nach 1945.

Tomi UNGERER, *Ohne Titel,* Offizier des RAD (Reichsarbeitsdienst), Bleistift auf Papier, 1945.

Celia LOWENSTEIN, *La sombre séduction du fascisme. Tomi Ungerer (Die dunkle Verführung des Faschismus. Tomi Ungerer),* 1996. Film, 51 Minuten, ausgestrahlt vom Fernsehsender *Planète* (© Pandora's Box Productions/Planete for Channel 4) in der Originalsprache mit Untertiteln Englisch-Französisch, ins Deutsche übersetzt von Marina Mailleret.

SEKTION 3
Die Gedanken sind frei

Robert LOURSON, *„Hier Radio London! Die B.B.C. während des Krieges",* Sammlung "Patrie". *Vollständig illustriert,* Éditions Rouff, Nr. 67, Paris, Juli 1948.

Anonym, *Fliegende Nullen! Keener regt sich drüber uff – über diesen Hitlerbluff,* Flugblatt, Druck auf Papier, ohne Ortsangabe, ohne Datum (nach dem 13. Juni 1944).

Anonym, *Adolf, ich bitte dich nochmals inständig: Wir sollten Berlin zur offenen Stadt erklären!,* Flugblatt, Druck auf Papier, ohne Ortsangabe, ohne Datum (etwa Ende 1943 – 1944?).

Anonym, *Mit nachtwandlerischer Sicherheit führt »ER« Deutschland dem Abgrund zu...!,* Flugblatt, Druck auf Papier, ohne Ortsangabe, ohne Datum.

Anonym, *Sein 1000 jähriges Reich stürzt ein..!,* Flugblatt, Druck auf Papier, ohne Ortsangabe, ohne Datum.

Anonym, *Volkskrieg/Friss Vogel oder – stirb!,* Flugblatt, Druck auf Papier, ohne Ortsangabe, ohne Datum.

Anonym, *Erschlagt diesen tollen Hund und das Land ist frei..!,* Flugblatt, Druck auf Papier, ohne Ortsangabe, ohne Datum.

Anonym, englisch, *Le Gaby «Surprise»* („To find a fifth one fold as indicated" [„Um einen fünften zu finden, falten wie vorgegeben"]), Faltblatt, Faksimile, ohne Ortsangabe, ohne Datum.

Anonym, *Trotz dieser Drohung - - Wird doch die Freiheit kommen..!,* Flugblatt, Druck auf Papier, ohne Ortsangabe, ohne Datum.

Anonym, *„Ein sanfter Tod ist mir beschieden",/ Sprach Himmler, „Wenn Vergleich ich heut, / Wie grausam ich es hab' getrieben"... / Das Volk flucht ihm in Ewigkeit...,* Flugblatt, Druck auf Papier, ohne Ortsangabe, ohne Datum.

Anonym, *Langer Weg bis in die Heimat! Ob wir es wohl noch schaffen werden?,* Flugblatt, Druck auf Papier, ohne Ortsangabe, ohne Datum (1943?).

Anonym, *Darf ich Ihnen einen meiner Freunde vorstellen, Adolf? Der aus Odessa ist noch nicht eingetroffen!,* Flugblatt, Druck auf Papier, ohne Ortsangabe, ohne Datum (1943?).

Anonyme, *Langer Weg bis in die Heimat! Ob wir es wohl noch schaffen werden ?*, tract, impression sur papier, sans lieu, sans date (1943 ?).

Anonyme, *Darf ich Ihnen einen meiner Freunde vorstellen, Adolf? Der aus Odessa ist noch nicht eingetroffen !*, tract, impression sur papier, sans lieu, sans date (1943 ?).

Anonyme alsacien, *Adolf, dir geht's oij nit beser as mir / das kaiwe Rüssland het mich oij hing'macht !*, tract, photomontage, sans lieu, sans date (1943 ?).

Anonyme, *An diesen Galgen, an denen Männer starben, wird Hitler bald mit seinen Schergen hängen*, tract recto-verso, impression sur papier, sans lieu, sans date.

Anonyme, *Der einzige Weg – zur Freiheit !!*, tract, impression sur papier, sans lieu, sans date.

Anonyme, *5 Minuten nach 12...*, tract, impression sur papier, sans lieu, sans date.

Anonyme à la manière de John HEARTFIELD, *Die Totentrompeten des Dritten Reiches : Adolf Hitler-Standarte*, tract recto-verso, photomontage, sans lieu, sans date.

Anonyme, *Je mehr Hitler schweigt desto lauter reden die Toten*, tract recto-verso, impression sur papier, sans lieu, sans date.

Anonyme, *Sans titre*, portrait-charge de Hitler, tract recto-verso, impression sur papier, sans lieu, sans date.

Anonyme, *Erinnerst du dich meiner... Freundchen ?*, tract, impression sur papier, sans lieu, sans date.

Anonyme, *Wer spricht ? Bist du's Adolf ? / Dnjepr Linie*, tract, impression sur papier, sans lieu, sans date (1944 ?).

Anonyme, *Der Krieg ist verloren !*, tract, impression sur papier, sans lieu, sans date (1944 ?).

Anonyme, *Der Krieg ist verloren !*, tract recto-verso, impression sur papier, sans lieu, sans date (1944 ?).

David FITZPATRICK, *Sans titre*, dessin pour le quotidien américain *St Louis Post-Dispatch* du 25 novembre 1942, tract, impression sur papier, sans lieu, à partir de 1942.

Anonyme, *Die Saat Hitlers ist furchtbar aufgegangen. Aber im eigenen Land !!!*, tract, impression sur papier, sans lieu, sans date.

Anonyme, *Die Saat Hitlers ist furchtbar aufgegangen. Aber im eigenen Land !!!*, tract recto-verso, impression sur papier, sans lieu, à partir de 1944.

Anonyme, *Die Saat Hitlers ist furchtbar aufgegangen. Aber im eigenen Land !!!*, tract recto-verso, impression sur papier, sans lieu, sans date.

Anonyme, *...Seit Stalingrad – immer wieder elastisch – abgesetzt...*, tract, impression sur papier, sans lieu, à partir de 1942.

Anonyme, *Millionen Tote – klagen Hitler an*, tract recto-verso, impression sur papier, sans lieu, 1944 ou 1945.

Anonyme, *Der Tod hat keine Mühe mehr... / Die Gestapo hat ihm die Arbeit abgenommen !*, tract recto-verso, impression sur papier, sans lieu, 1944 ou 1945.

Anonyme, *Gestapoarbeit*, tract recto-verso, impression sur papier, sans lieu, sans date.

Anonym, elsässisch, *Adolf, dir geht's oij nit beser as mir / das kaiwe Rüssland het mich oij hing'macht !*, Flugblatt, Photomontage, ohne Ortsangabe, ohne Datum (1943 ?).

Anonym, *An diesen Galgen, an denen Männer starben, wird Hitler bald mit seinen Schergen hängen*, Flugblatt, vor- und rückseitig bedrucktes Papier, ohne Ortsangabe, ohne Datum (1943 ?).

Anonym, *Der einzige Weg – zur Freiheit !!*, Flugblatt, Druck auf Papier, ohne Ortsangabe, ohne Datum.

Anonym, *5 Minuten nach 12...*, Flugblatt, Druck auf Papier, ohne Ortsangabe, ohne Datum.

Anonym, in Anlehnung an John HEARTFIELD, *Die Totentrompeten des Dritten Reiches : Adolf Hitler-Standarte*, Flugblatt, vor- und rückseitig bedruckt, Photomontage, ohne Ortsangabe, ohne Datum.

Anonym, *Je mehr Hitler schweigt desto lauter reden die Toten*, Flugblatt, vor-und rückseitig bedrucktes Papier, ohne Ortsangabe, ohne Datum.

Anonym, *Ohne Titel*, Porträtkarikatur Hitlers, Flugblatt, vor- und rückseitig bedrucktes Papier, ohne Ortsangabe, ohne Datum.

Anonym, *Erinnerst du dich meiner... Freundchen ?*, Flugblatt, Druck auf Papier, ohne Ortsangabe, ohne Datum.

Anonym, *Wer spricht ? Bist du's Adolf ?*, Flugblatt, Druck auf Papier, ohne Ortsangabe, ohne Datum (1944 ?).

Anonym, *Der Krieg ist verloren !*, Flugblatt, Druck auf Papier, ohne Ortsangabe, ohne Datum (1944 ?).

Anonym, *Der Krieg ist verloren !*, Flugblatt, vor- und rückseitig bedrucktes Papier, ohne Ortsangabe, ohne Datum (1944 ?).

David FITZPATRICK, *Ohne Titel*, für die amerikanische Tageszeitung *St Louis Post-Dispatch* vom 25. November 1942 ausgeführte Zeichnung, Flugblatt, Druck auf Papier, ohne Ortsangabe, ab 1942.

Anonym, *Die Saat Hitlers ist furchtbar aufgegangen. Aber im eigenen Land !!!*, Flugblatt, Druck auf Papier, ohne Ortsangabe, ohne Datum.

Anonym, *Die Saat Hitlers ist furchtbar aufgegangen. Aber im eigenen Land !!!*, Flugblatt, vor-und rückseitig bedrucktes Papier, ohne Ortsangabe, ab 1944.

Anonym, *Die Saat Hitlers ist furchtbar aufgegangen. Aber im eigenen Land !!!*, Flugblatt, vor- und rückseitig bedrucktes Papier, ohne Ortsangabe, ohne Datum.

Anonym, *...Seit Stalingrad – immer wieder elastisch – abgesetzt...*, Flugblatt, Druck auf Papier, ohne Ortsangabe, frühestens 1942.

Anonym, *Millionen Tote – klagen Hitler an*, Flugblatt, vor-und rückseitig bedrucktes Papier, ohne Ortsangabe, 1944 oder 1945.

Anonym, *Der Tod hat keine Mühe mehr... / Die Gestapo hat ihm die Arbeit abgenommen !*, Flugblatt, vor- und rückseitig bedrucktes Papier, ohne Ortsangabe, 1944 oder 1945.

Anonym, *Gestapoarbeit*, Flugblatt, vor- und rückseitig bedrucktes Papier, ohne Ortsangabe, ohne Datum.

Anonym, *Ein gutes Beispiel ! Die Folterkammern der Gestapo. Für die menschlichen und zivilisatorischen Ideale, von denen Goebbels so viel redet !*, Flugblatt, Druck auf Papier, ohne Ortsangabe, ohne Datum.

Anonym, *Ohne Titel*, Die Gestapo beaufsichtigt die Wehrmacht, Flugblatt, vor- und rückseitig bedrucktes Papier, ohne Ortsangabe, ohne Datum.

Anonym (Heinz KIWITZ ?), *Deutscher Volkssturm : „Halt.. oder ich schieße !"*, Flugblatt, Druck auf Papier, ohne Ortsangabe, ohne Datum.

Anonyme, *Ein gutes Beispiel! Die Folterkammern der Gestapo. Für die menschlichen und zivilisatorischen Ideale, von denen Goebbels so viel redet!*, tract, impression sur papier, sans lieu, sans date.

Anonyme, *Sans titre*, La Gestapo surveillant la Wehrmacht, tract recto-verso, impression sur papier, sans lieu, sans date.

Anonyme (Heinz KIWITZ ?), *Deutscher Volkssturm : „Halt.. oder ich schieße!"*, tract, impression sur papier, sans lieu, sans date.

Anonyme (Heinz KIWITZ ?), *Ein Gerücht ? – Der Führer tot ? Wenn ja – na denn – Heil Hitler!!*, tract, impression sur papier, sans lieu, sans date.

Anonyme, *Flucht in die Berge ? Deutsches reduit nur für die Bonzen!*, tract, impression sur papier, sans lieu, sans date.

Arthur SZYK, *Sans titre*, Portrait-charge des Alliés de l'Allemagne, tract, impression sur papier, sans lieu, sans date.

Anonyme, *Sans titre*, Piraterie nazie, tract, impression sur papier, sans lieu, sans date.

Anonyme, *Für Goebbels ist der Krieg nicht schlimm, / Er sucht den Star für einen Film. / Indem die andern sich verbluten, / Beschäftigt er sich mit den Nutten*, tract, impression sur papier, sans lieu, sans date.

Anonyme, *Sans titre*, Goebbels recollant à la colle « mensongère » une amphore nazie, tract, impression sur papier, sans lieu, sans date.

Anonyme, *Wollt ihr denn alle unter diesem Zeichen krepieren!?*, tract, impression sur papier, sans lieu, sans date.

Anonyme, *Verwandlung vom Adler zum Papagei [:] Sieg Sieg Sieg Sieg – Deutschland erwache*, tract, impression sur papier, sans lieu, sans date.

Anonyme, *Das schädlichste Ungeziefer [:] die Naziratte!*, tract, impression sur papier sans lieu, sans date (1944 ?).

Anonyme, *Seht, wie Adolf klettert in die Kammer / Des Nachbarn, den er morden will. / Doch Joseph gibt's ihm, mit dem Hammer... / Und hintendran ist's auch nicht still!*, tract, impression sur papier, sans lieu, sans date (1942 ?).

Anonyme, *Sans titre*, L'ours soviétique dévorant l'armée allemande, tract, impression sur papier, sans lieu, sans date (1942 ?).

Anonyme (Heinz KIWITZ ?), *Für die Sicherheit des deutschen Volkes hat der Führer alles einkalkuliert*, tract, impression sur papier, sans lieu, sans date.

Anonyme, *Jetzt lässt er uns offiziell krepieren*, tract, impression sur papier, sans lieu, sans date.

Anonyme (Hanns KRALIK ?), *Mistablage Hitlerbücher / ein friedliches Bild aus der nahen Zukunft!*, tract, impression sur papier, sans lieu, sans date.

Anonyme, *Deutsche Justiz*, tract, impression sur papier, sans lieu, sans date.

Anonyme (Hanns KRALIK ?), *III. Reich / Streichhölzer-Kriegskrüppel / Wollt ihr ein solches Volk werden ?*, tract, impression sur papier, sans lieu, sans date.

Anonyme, *Bonzenkinder sind viel – fetter!*, tract, impression sur papier, sans lieu, sans date.

Anonym (Heinz KIWITZ ?), *Ein Gerücht ? – Der Führer tot ? Wenn ja – na denn – Heil Hitler!!*, Flugblatt, Druck auf Papier, ohne Ortsangabe, ohne Datum.

Anonym, *Flucht in die Berge? Deutsches reduit nur für die Bonzen!*, Flugblatt, Druck auf Papier, ohne Ortsangabe, ohne Datum.

Arthur SZYK, *Ohne Titel*, Porträtkarikatur der Alliierten Deutschlands, Flugblatt, Druck auf Papier, ohne Ortsangabe, ohne Datum.

Anonym, *Ohne Titel*, Nazi-Piraten, Flugblatt, Druck auf Papier, ohne Ortsangabe, ohne Datum.

Anonym, *Für Goebbels ist der Krieg nicht schlimm, / Er sucht den Star für einen Film. / Indem die andern sich verbluten, / Beschäftigt er sich mit den Nutten*, Flugblatt, Druck auf Papier, ohne Ortsangabe, ohne Datum.

Anonym, *Ohne Titel*, Goebbels versucht mit „Lügen"-Klebstoff eine Nazi-Amphore zu reparieren, Flugblatt, Druck auf Papier, ohne Ortsangabe, ohne Datum.

Anonym, *Wollt ihr denn alle unter diesem Zeichen krepieren!?*, Flugblatt, Druck auf Papier, ohne Ortsangabe, ohne Datum.

Anonym, *Verwandlung vom Adler zum Papagei [:] Sieg Sieg Sieg Sieg – Deutschland erwache*, Flugblatt, Druck auf Papier, ohne Ortsangabe, ohne Datum.

Anonym, *Das schädlichste Ungeziefer [:] die Naziratte!*, Flugblatt, Druck auf Papier, ohne Ortsangabe, ohne Datum (1944 ?).

Anonym, *Seht, wie Adolf klettert in die Kammer / Des Nachbarn, den er morden will. / Doch Joseph gibt's ihm, mit dem Hammer... / Und hintendran ist's auch nicht still!*, Flugblatt, Druck auf Papier, ohne Ortsangabe, ohne Datum (1942 ?).

Anonym, *Ohne Titel*, Der sowjetische Bär frisst die deutsche Armee, Flugblatt, Druck auf Papier, ohne Ortsangabe, ohne Datum (1942 ?).

Anonym (Heinz KIWITZ ?), *Für die Sicherheit des deutschen Volkes hat der Führer alles einkalkuliert*, Flugblatt, Druck auf Papier, ohne Ortsangabe, ohne Datum.

Anonym, *Jetzt lässt er uns offiziell krepieren*, Flugblatt, Druck auf Papier, ohne Ortsangabe, ohne Datum.

Anonym (Hanns KRALIK ?), *Mistablage Hitlerbücher / ein friedliches Bild aus der nahen Zukunft!*, Flugblatt, Druck auf Papier, ohne Ortsangabe, ohne Datum.

Anonym, *Deutsche Justiz*, Flugblatt, Druck auf Papier, ohne Ortsangabe, ohne Datum.

Anonym (Hanns KRALIK ?), *III. Reich / Streichhölzer-Kriegskrüppel / Wollt ihr ein solches Volk werden ?*, Flugblatt, Druck auf Papier, ohne Ortsangabe, ohne Datum.

Anonym, *Bonzenkinder sind viel – fetter!*, Flugblatt, Druck auf Papier, ohne Ortsangabe, ohne Datum.

Anonym, *Kein Arzt – Keine Arznei – Tausende sterben dahin – Alles fehlt – Nur der Tod ist nicht rationiert! Das ist das Reich des Führers!!*, Flugblatt, Druck auf Papier, ohne Ortsangabe, ohne Datum.

Anonym (Heinz KIWITZ ?), *– Und nicht einmal anständig begraben kann ich sie..*, Flugblatt, Druck auf Papier, ohne Ortsangabe, ohne Datum.

Generalstab – Zeichen-Abteilung, Service Géographique der Besatzungstruppen in Deutschland, *Ils t'observent silencieusement imite-les, (Sie beobachten dich schweigend, tu' es ihnen gleich)* Plakat, Lithographischer Druck, November 1945.

Général DE GAULLE, *À tous les Français (An alle Franzosen)*, kleinformatiges Plakat mit dem Appell des 18. Juni 1940, Druck auf Papier, Ohne Ortsangabe, [Nachdruck in Frankreich und England], Juli 1940.

Anonyme, *Kein Arzt – Keine Arznei – Tausende sterben dahin – Alles fehlt – Nur der Tod ist nicht rationiert! Das ist das Reich des Führers!!*, tract, impression sur papier, sans lieu, sans date.

Anonyme (Heinz KIWITZ ?), – *Und nicht einmal anständig begraben kann ich sie..*, tract, impression sur papier, sans lieu, sans date.

État-Major – Section dessin, Service Géographique des Troupes d'occupation en Allemagne, *Ils t'observent silencieusement imite-les*, affiche, impression lithographique, novembre 1945.

Général DE GAULLE, *À tous les Français*, affichette de l'appel du 18 juin 1940, impression sur papier, sans lieu [retirage en France et en Angleterre], juillet 1940.

Plaque d'imprimerie avec le blason de la 2e Division Blindée du Général Leclerc et la Cathédrale de Strasbourg en arrière-plan, métal, Strasbourg ?, à partir de 1943 (1945 ?).

Petit drapeau français de la Libération, impression sur papier, colle et bois, Alsace, 1945.

Druckstock mit dem Wappen der Zweiten Panzerdivision von General Leclerc mit dem Straßburger Münster im Hintergrund, Metall, Straßburg ?, frühestens 1943 (1945 ?).

Kleine französische Fahne der Libération, Druck auf Papier, Klebstoff und Holz, Elsass, 1945.